中国地质大学（北京）2022年度"十四五"本科规划教材

地质体育

理论与实践

崔 建 ◎ 著

兰州大学出版社
LANZHOU UNIVERSITY PRESS

图书在版编目（ＣＩＰ）数据

地质体育理论与实践 / 崔建著. -- 兰州 ： 兰州大
学出版社，2024.5
ISBN 978-7-311-06627-7

Ⅰ．①地… Ⅱ．①崔… Ⅲ．①体育－高等学校－教材
Ⅳ．①G807.4

中国国家版本馆CIP数据核字(2024)第022891号

责任编辑　王曦莹
封面设计　程潇慧

书　　　名	**地质体育理论与实践**
作　　　者	崔　建　著
出版发行	兰州大学出版社　（地址:兰州市天水南路222号　730000）
电　　　话	0931-8912613(总编办公室)　0931-8617156(营销中心)
网　　　址	http://press.lzu.edu.cn
电子信箱	press@lzu.edu.cn
印　　　刷	兰州人民印刷厂
开　　　本	787 mm×1092 mm　1/16
印　　　张	12(插页2)
字　　　数	230千
版　　　次	2024年5月第1版
印　　　次	2024年5月第1次印刷
书　　　号	ISBN 978-7-311-06627-7
定　　　价	48.00元

前 言

在繁忙的都市生活中，登山、攀岩、定向等户外运动如同一股清流，受到了广大群众的热烈追捧。为此，一群群户外运动的爱好者，纷纷集结成立组织，将这份对大自然的向往与热爱传递给更多的人。其中，中国地质大学（北京）的"大地社"更是以其独特的魅力，在众多学生社团中脱颖而出。

为了满足大众对户外运动的热情，不少高校纷纷开设了"登山""攀岩""定向""野外生存"等户外体育课程，旨在教授学生专业的攀登技巧、保护技术、绳降技术以及定向导航等实用技能。然而，这些课程在内容的深度和广度上，往往过于专业化，更多地侧重于项目或技术的介绍，而缺乏对运动背后的生理学、生物力学原理的深入剖析，以及专项体能训练方法的系统论述。这使得许多学生在学习的过程中，虽然能够掌握基本的操作技能，但却往往知其然而不知其所以然。

为了填补这一空白，作者精心编撰了本书。在本书中，作者提出了"地质体育"这一全新概念，它特指地质及其相关专业的学生或地质工作者在野外进行地质实习和科考工作时，伴随着采样、测量等任务而进行的一系列身体活动。这些活动不仅需要运用登山、攀岩、绳索技术等技能，还需要对地形图进行精准判读，以确保地质勘查和探索的顺利进行。

从广义上讲，地质体育是户外运动的一种延伸，它在大自然的怀抱中进行，充满了挑战性和刺激性。通过参与地质体育，人们不仅可以提高身体素质，还可以更加深入地了解自然环境，增强对大自然的敬畏之心。而从狭义的角度来看，地质体育则是一种教育活动，它侧重于培养地质工作者在户外运动中的体能和技能，以提高他们的工作效率，确保野外实践的安全。

本书将从狭义的角度出发，深入剖析攀岩与登山的生理适应、负重徒步与登山的技巧、攀岩与登山的体能训练、高原登山的生理适应与技能等关键内容。同时，我们还将对绳索技术的运用和地形图的判读等实用技能进行详细介绍。我们希望本书能够帮助地质及其相关专业的学生和地质工作者更好地掌握户外运动的基本理论、基础体能与技能，使他们在未来的地质实践、科考和户外探索等活动中更加安全、高效。

目　录

1 登山

登山是地质体育中最为基础和重要的内容之一。通过登山，学习者不仅可以提升自身地质工作的体能，还可以深入地学习山地地貌、气候、生态等方面的知识。本章将围绕登山与健康、登山与疲劳、登山体能及其训练方法等内容，让学习者深入了解登山运动。

1.1 登山与健康

登山被认为是一项极具益处的体育活动，对身体和心理健康都有积极影响。这项运动不受场地和器材的限制，适合各个年龄段的人参与。中国是个多山的国家，目前，越来越多的人选择登山作为健身项目。科学研究证明，登山对健康有很多益处。在登山过程中，人们需要进行各种体力活动，包括攀爬、行走和跳跃等，这些运动可以有效地增强身体的力量、耐力和敏捷性。此外，登山的环境，如海拔和气温变化，也可以增强人体的适应能力和免疫力。登山有助于预防和治疗心血管疾病、呼吸系统疾病、肌肉骨骼疾病等。登山除了对身体健康有积极影响外，还对心理健康有益。在登山过程中，人们需要面对各种挑战和困难，需要克服恐惧和不安。这种挑战有助于提高人们的自信心，增强人们的意志力。同时，登山也提供了放松心情、欣赏大自然美景、减轻压力、改善睡眠质量的机会。因此，登山是一项对人们的身体和心理健康有促进作用的有益运动。

1.1.1 登山与身体健康

在现代社会中，人们缺乏足够的运动，饮食不平衡，导致体内热量过多，脂肪堆积，胆固醇偏高，最终引发动脉硬化、血管狭窄和高血压等疾病的发生。如果动脉硬化持续不止，最终可能导致血管完全堵塞，引发心脏病或脑卒中等严重疾病。近年的研究表明，缺乏运动还与某些癌症的发病率增加有关。

虽然现代医疗技术取得了显著进展，但是生活方式病的患者数量仍在不断增加。近年来，社会积极推广持续适量的体育锻炼，因为运动对预防和改善生活方式病具有明显的效果。

1.1.1.1 有氧运动与健康

为什么有氧运动有益于身体健康呢？有氧运动主要依赖氧气与体内的能源物质进行能量代谢，可以持续较长的时间，例如长跑、游泳、越野滑雪和登山等活动。有氧运动可以带来多方面的益处，有助于提升心肺功能和耐力，从而促进身体健康。

首先，有氧运动有助于发展心肺功能。在进行有氧运动时，身体需要更多的氧气和营养物质来供给运动所需的能量。这促使心脏需要更快地泵血，将氧气和养分输送到肌肉和组织中。经过长时间的有氧运动锻炼，心脏的大小和肌肉强度都会增加，使心脏更加健康，更能有效地泵血。同时，肺部的容量也会增加，使呼吸系统更健康。

其次，有氧运动有助于减少身体脂肪含量。在有氧运动过程中，身体需要燃烧脂肪和碳水化合物等能量以维持运动的持续性。长期坚持有氧运动可以提高身体的代谢率，使身体更有效地消耗热量，减少脂肪堆积，有助于体重管理和减肥。此外，有氧运动还可以降低慢性疾病的风险。慢性疾病如心脏病、糖尿病和高血压等，通常与不健康的生活方式和饮食习惯有关。有氧运动可以改善生理状况，降低血压、血脂和血糖等指标，从而降低患慢性疾病的风险。

最后，有氧运动还可以增强免疫系统。定期参加有氧运动可以增强身体的免疫功能，提高身体对抗疾病和感染的能力。

总之，有氧运动对身体健康具有多方面的益处，包括改善心肺功能、减少体内脂肪、降低慢性疾病的风险和增强免疫系统等。因此，坚持适量的有氧运动可以有助于维护身体的健康。

1.1.1.2 登山是理想的有氧运动之一

有氧运动包括慢跑、健走、游泳、骑自行车、越野滑雪等，这些活动在促进身体健康方面有着显著的好处。这些运动的特点是运动强度较低，持续时间较长，运动方式相对规律。其中，慢跑和健走特别受欢迎，因为它们不需要特殊的器材和场地，几乎任何人都可以轻松参与。然而，需要注意的是，尽管慢跑对年轻健康的人非常适合，但对于运动不足、体质较弱、肥胖或中老年人来说，可能并不适合，因为慢跑可能会对心脏、血管、骨骼和关节造成较大的负担，甚至可能导致受伤或心脏问题。目前，健走运动非常流行，它相对于慢跑而言，对身体负担较小，几乎任何人都可以安全进行。然而，健走运动也存在一些问题，例如运动形式单一，难以持续，容易让人感到单调。一项有氧运动团体的调查结果显示，能够坚持健走并养成习惯的人占总人数的20%～50%。

与健走和慢跑不同，登山运动具有更多的优点和较少的缺点。尽管登山也包括健走，但它与普通的健走不同。在平地上进行健走通常限制了运动的时间，一天可能只能坚持1～2小时。然而，在登山中，每次至少需要行走3小时，如果计划过夜，则需要在山中连续行走多天。令人惊奇的是，长时间的行走不会让人感到乏味，这是登山运动的一大优点。在实验室中，如果使用跑步机模拟登山运动，由于单调性，人们很难坚持一整天。但是，一旦融入大自然中，登山变得非常容易。此外，与平地健走相比，在登山过程中，即使是缓慢的步行，运动强度也相当于在平地上快走或慢跑。在登山中，人们可以欣赏美丽的风景，观察自然界的动植物，与同伴交流，或者独自思考，这对身体健康有着很大的益处。此外，在平地上运动，特别是在城市环境中，会受到空气污染、交通事故和嘈杂的环境干扰。而登山可以避免这些问题，人们可以呼吸新鲜空气，享受山泉水，并沉浸在大自然的美景中。

1.1.1.3 登山运动可以消耗更多的热量

中国地质大学（北京）的大地社成员每天进行30分钟左右，使心率保持在120次/分钟以上的运动，是该社健康运动的标准。根据对大地社日常训练的监测表明，一个大地社成员每天早训有氧跑步的时间大概为60分钟，其心率超过120次/分钟的总时间为48分钟，其余12分钟为其他轻度活动；而在社团登山拉练中，平均用时6～10小时，其心率超过120次/分钟的时间长达480分钟（8小时）。此外，我们还可以关注热量消耗，通常每人每天运动会消耗200～300卡路里的热量，而大地社社员一次登山拉练的总热量消耗可以高达5000～7000卡路里。总的来说，登山运动的热量消耗非常大，比起马拉松运动消耗的2000～2500卡路里要多得多。虽然在每小时热量消耗的比较中，马拉松运动的热量消耗比登山运动多，但由于登山需要更长的时间，所以登山运动总的热量消耗量超过马拉松运动。

有氧运动的主要燃料是碳水化合物和脂肪。这两种燃料经混合后被燃烧，但燃烧比例会根据运动强度和持续时间而变化。图1-1显示了运动强度对这两种燃料的燃烧比例的影响。在中低强度的运动，如慢跑或步行时，脂肪和碳水化合物的燃烧比例大致相等，各占一半；而在高强度运动，如短跑时，几乎只有碳水化合物被燃烧，脂肪的燃烧比例较低。

通过持续进行中强度运动2小时，我们可以观察到脂肪和碳水化合物的燃烧比例变化。在运动开始时，碳水化合物的燃烧比例较高，而脂肪的燃烧比例较低。然而，随着运动的持续进行，脂肪的燃烧比例逐渐增加。根据图1-1所示的数据，脂肪的燃烧量通常在长时间、中低强度的运动中达到最大值，而登山运动正是这种类型的运动。此外，登山通常在山区进行，这种环境下，脂肪的燃烧量更高，因为低温和低氧环境会刺激脂肪的燃烧，使其比在一般环境中更容易被消耗掉。因此，登山运动被认为是最适合燃烧脂肪和消耗热量的运动之一。

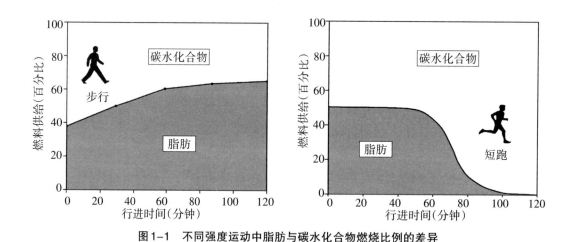

图1-1 不同强度运动中脂肪与碳水化合物燃烧比例的差异

综上所述，登山作为理想的有氧运动，可以加速新陈代谢，提高机体对外界环境的适应能力。在攀爬过程中，血液循环加快，新陈代谢增强，体温升高，有助于排出体内的代谢废物。长期参与登山运动可以提高身体对不同环境的适应能力，促进身体的健康和保持健康的生活方式。

1.1.1.4 登山对人体的作用

1. 调节体温

参与登山运动可以提高体温调节能力。在安静状态下，身体的大部分热量来自内脏器官。在进行运动时，肌肉细胞的代谢活动和身体的物质代谢都会增加，导致热量持续产生。事实上，在登山运动中，肌肉产生的热量可以占全身总产热量的90%以上。这意味着登山运动时，人体的各种器官、组织和细胞都会更加活跃，产生更多的热量。

同时，随着运动的进行，散热也会增加。人体通过出汗的方式排出多余的热量，以保持体温的稳定。经过长期的锻炼，人体逐渐适应了这种情况，提高了维持体温平衡的能力。因此，坚持在寒冷的环境中进行登山运动有助于锻炼身体对冷环境的适应能力。这意味着在寒冷的户外环境中，人体能够更好地进行自由活动，更抗寒，更适应极端气温条件。这种适应能力的提高有助于保持身体的健康和提高整体生活质量。

2. 改善血液循环和运输机能

参与登山运动可以改善血液的循环和运输功能。在登山运动中，全身各部位的肌肉需要更多的氧气和营养物质以满足其能量需求。同时，排出代谢废物也需要更多的血液运输。因此，在登山运动中，血液循环的速度明显增加，这有助于更有效地输送氧气和二氧化碳，以满足细胞的需求。长期坚持登山健身运动可以促使机体的造血功能发生适应性改变，导致血液中红细胞的数量和血红蛋白含量增加，以更好地满足机体长时间运动所需的氧气。

3. 提高心脏泵血功能

登山运动也有助于提高心脏的泵血功能。心脏是人体的主要血液泵，它负责将氧气富集的血液泵送到全身各个组织和器官。心脏泵血功能的主要指标是心排血量，即每分钟从左心室泵出的血液量。通过坚持登山健身运动，可以增强心脏的泵血机能，提高心排血量，使心脏更加强壮。这对于保持心血管系统的健康和提高体能非常重要。

4. 增强呼吸机能

登山运动有助于提高呼吸系统的机能和效率。在登山过程中，身体的氧需求显著增加，因为登山时需要大量的氧气来满足肌肉和组织的能量需求。在高海拔地区，空气中的氧气含量较低，这使得呼吸系统必须更加高效地工作。长期从事登山健身运动可以促进呼吸系统的适应性改变，提高肺部通气机能，增强肺部气体交换的效率，从而使氧气更有效地输送到细胞和组织中，增强氧气的运输能力。有研究表明，在高海拔地区，人体的肺通气量明显增加，从而提高了血液中氧气的供应，有助于人体适应高海拔环境。

5.提高免疫力

山区空气中富含负氧离子，这被认为是一种天然的健康因素。负氧离子可以促进细胞活动，对神经系统产生积极影响，改善机体新陈代谢，增强免疫系统功能，有助于人体减少感冒和与感冒相关的疾病，如扁桃体炎、咽炎、气管炎和肺炎等。此外，负氧离子还有助于排除人体内的有害物质，对疾病的康复和预防慢性疾病，如糖尿病等也具有重要作用。登山运动可以让肌肉获得更多氧气，增加血液中的蛋白质含量，提高免疫细胞数量，增强免疫系统功能，促使机体更好地排除有害物质和毒素。因此，登山运动有助于提高人体免疫力，改善身体健康。

6.控体重，强体质

登山运动对体重的控制和体质的增强具有显著的好处。在物质丰富的社会中，很多人因摄入过多食物且运动不足，导致体重超标或肥胖。登山是一种非常有效的控制体重的运动方式。登山主要以有氧代谢为主，持续时间较长，能够大量消耗能量，有助于减少脂肪在腹腔内的堆积。研究表明，以每小时2公里的速度攀爬山坡30分钟，可以消耗约500卡路里的能量，这相当于游泳45分钟，或在健身房进行50分钟的练习。登山是一种全身性的运动，可以有效锻炼全身各个部位的肌肉，有助于减少腿部脂肪的积累，并塑造上翘的臀部和身体的曲线。

此外，登山时穿越崎岖不平的山间道路有助于改善身体的平衡功能，增强四肢的协调能力，使肌肉更加发达，提高肢体的灵活性。登山运动还可以促进身体中钙的吸收和利用，有助于预防骨质疏松症。研究发现，与不参加登山运动但经常参加其他体育锻炼的人相比，登山者的爆发力更强；与不参加体育锻炼的人相比，经常进行登山运动的人的身体机能和体质要明显强大，尤其在平衡能力、力量耐力和柔韧性方面，表现出显著优势，平均超过不锻炼的人约20%。另外，对一组老年男性进行的研究发现，登山健身锻炼显著提高了老年人的身体柔韧性，增强了心肺功能和心脏调节功能，同时也增强了灵敏性、肌肉力量和肌肉耐力。因此，登山运动有助于控制体重，增强体质，提高身体素质，增加肌肉力量，以及提升协调能力和柔韧性。

1.1.2 登山与心理健康

研究表明，登山不仅有益于身体健康，还对心理健康产生积极影响。这种令人心旷神怡的户外活动有助于让人暂时抛开日常生活中的烦恼和压力，让身心得到放松。尤其是在克服困难、挑战个人极限并最终登上山峰时，人们可以获得强烈的成就感，这对提高自信心和满足感非常有帮助。如果人们不断挑战更高难度的山峰，尤其是在冬季登山或攀岩等危险环境中，面对生命的脆弱性，反而可以更深刻地体验到生命的珍贵。

登山还有助于改善精神状态，减轻心理压力。现代社会的快节奏生活、环境污染和巨大的生活压力对人们的健康产生了负面影响，登山可以让人回归大自然，摆脱工作压力，与自然亲近，从而降低精神压力。攀登高峰、穿越崎岖山路既是对体力的挑战，也是对意志力的考验。持续的登山锻炼可以提高自信心，改善心理健康，使人更加平和。登山还有助于放松身心，调节紧张情绪，改善生理和心理状态，促进体力和精力的恢复。这项运动也有助于陶冶情操，激发积极性、创造性和主动性，提高自信心，使个性在和谐的氛围中得到健康和发展。

在欧美国家，户外活动，包括登山在内，一直受到重视，并被纳入儿童教育中。这些活动对于维护和增强身心健康具有重要作用。在中国，虽然一些登山运动可能因危险性而受到限制，但登山教育和户外活动对于培养团队合作、锻炼意志和提高自信心等方面仍然有很大潜力。登山运动在中国的中老年人中也越来越受欢迎，因为只要具备适当的体力，不需要特殊技能，就能享受登山的乐趣。登山不仅有助于身体健康，还可以带来成就感和满足感，这对中老年人的身心健康都有积极影响。因此，登山运动是一项全面有益的活动，有助于促进身体和心理健康，以及提升个人的生活满足感。

1.2 登山与疲劳

尽管登山是一项充满乐趣的活动，但也容易引起疲劳。通过了解运动生理学知识，我们可以更好地理解登山并应对疲劳。将登山比喻为使用"肌肉"来运动，就像车子需要"发动机"来运行一样，这有助于我们理解能量的产生原理。只要我们了解"发动机"的基本原理并遵守必要的步骤，就能够顺利地启动它。如果不了解这些原理，或者即使了解也不严格遵守相关程序，就可能引发问题。

人体的运动也遵循类似的原理，疲劳通常是由于忽视了人体肌肉的特性和运动方式而引起的。疲劳的原因通常不是单一的，而是由多种因素造成的。因此，在应对登山引起的疲劳时，我们首先需要了解造成疲劳的原因，然后采取相应的解决方法。一般来说，登山引起的疲劳可以分为四种主要类型，即上山的疲劳、下山的疲劳、能源枯竭引起的疲劳、体温升高引起的疲劳。接下来，我们将逐一分析这些类型，并探讨如何应对它们。

1.2.1　上山的疲劳

提到登山疲劳，人们通常会想到在攀登山坡时感到极度疲惫、气喘吁吁的场景。然而，经验丰富的登山者往往能够在途中不自觉地调整自己的速度，从容地完成整个行程，因此，他们通常不会经历过度疲劳的情况。与此相反，新手常常由于错误地认为需要快速行进而使自己变得过于疲惫，导致无法继续前进。

为了研究这一现象，我们进行了一项实验，以测量登山老手和新手在攀登香山好汉坡入口时的心率和疲劳度。实验结果显示，老手通常以相对稳定的速度缓慢前进，心率每分钟保持在150～160次/分钟。相反，新手则以过快的速度前进，心率超过每分钟180次/分钟，这会导致持续的疲劳积累，使后期的速度逐渐减慢，并需要更多的休息。结果，老手能够轻松地到达目的地，而新手不仅落后，还往往感到筋疲力尽。这正是"欲速则不达"的经典案例。

那么，为什么过快的行进速度会导致人感到筋疲力尽呢？接下来，我们将通过实验来探讨在攀登时人体所承受的负荷强度，并讨论如何行进以克服上山时的疲劳。

1.2.1.1　上山产生疲劳的原因

1.行进速度快容易疲劳

上山和在平地健走之间的差异在于上山通常需要负重，并且要走上坡路，因此，需要以稳定的速度前进，否则会很快感到疲劳。尽管大多数人都了解这一点，但很少有人能够立即解释为什么过快的行进速度会导致疲劳，也很难明确应该使用什么样的速度来稳定前进。

为了解决这个问题，我们以大地社的成员为实验对象，通过在跑步机上进行实验，分别模拟了在背负背包攀登坡道（登山）和在平地健走的情况下，使用心率作为指标，比较了身体负荷的差异。在登山时，跑步机被设置为倾斜8度，参与者背负10千克的背包，初始行进速度非常缓慢，每分钟15米，然后每5分钟增加15米/分钟的速度，直到参与者感到极度疲劳为止（速度达到每分钟120米）。在平地健走时，跑步机保持水平状态，参与者没有负重，初始的行进速度是每分钟60米，然后每隔5分钟增加20米/分钟的速度，直到感到非常疲劳为止（速度达到每分钟240米）。这种运动方法被称为逐渐增加负荷的运动，是运动生理学实验中常用的方法之一。

实验结果如图1-2显示，以相同的速度行进时，参与者上山时的心率远高于平地行进时的心率。举个例子，以每分钟110米的速度（相当于平地上的快走）行进时，平地行进时的心率约为每分钟110次/分钟，而以同样的速度上山时，心率可达到每分钟约190次/分钟，接近人体心率的上限，对身体来说是一种巨大的运动负荷。因此，为了在上山行进时产生与平地行进相当的适度负荷，登山者必须减慢行进速度。

根据实验结果，当心率维持在每分钟110次/分钟时，上山的行进速度大约为每分钟45米，相当于人们在平地上的快走速度。这两者都对健康有益。因此，要使上山行进的负荷与平地行进相匹配，必须将上山行进速度降低至平地行进速度的一半以下。

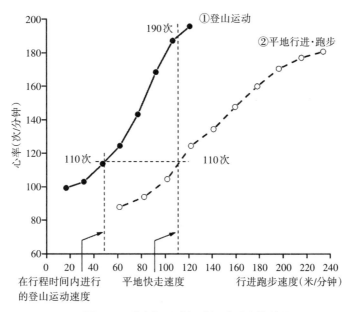

图1-2 登山与平地行进运动强度的差异

2.上山时导致疲劳的物质——乳酸

上山时，为了克服重力，身体需要提升，这就需要肌肉产生大量的能量。这些能量的主要来源是糖原和脂肪。在充足的氧气供应下，糖原和脂肪可以在氧气的作用下被分解成能量，并产生二氧化碳和水。然而，随着高度的上升和机体运动负荷的增加，当氧气供应不足时，人体不得不通过糖的无氧糖酵解来为肌肉提供能量，这会产生乳酸代谢产物。乳酸是在肌肉细胞进行无氧代谢时产生的废物，它会积聚在肌肉和血液中，导致肌肉疲劳和酸痛。

实验结果表明，当上山行进速度逐渐增加时，心率几乎呈直线增加，表明心率与行进速度成正比（见图1-3）。然而，乳酸浓度的变化情况不同，只有当行进速度超过某个临界值（大约为每分钟75米）时，乳酸浓度才会迅速增加（见图1-4）。这表明，只有当行进速度超过一定的临界值时，人体才会感到疲劳。乳酸浓度的增加会导致疲劳感，虽然乳酸本身不是疲劳物质，但它的产生会伴随大量氢离子的产生，这些氢离子会使肌肉呈酸性，从而引发疲劳感。因此，通常说乳酸累积会导致疲劳感。

无氧阈值是指乳酸开始积聚的速度阈值，只有在乳酸积聚速度低于无氧阈值时，人体才能在不感到疲劳的情况下长时间行进。

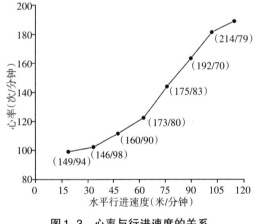

图1-3 心率与行进速度的关系

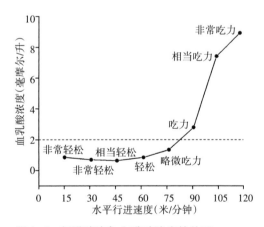

图1-4 行进速度与血乳酸浓度的关系

1.2.1.2 适合自己的上山行进速度

为了在登山过程中避免过度疲劳或浪费体力，登山者需要找到适合自己的行进速度。由于山区的坡度不断变化，背包重量也可能有所不同，因此在不同情况下，适合的行进速度会有所不同。通过实验，我们了解到，无氧阈值是一个关键概念。无氧阈值是指在这一速度以下，不会产生乳酸，而在这一速度以上，乳酸开始积聚。当倾斜度增加或者背包重量增加时，无氧阈值会降低，这意味着需要更慢的速度才能避免乳酸的产生。相反，如果倾斜度降低或者背包减轻，无氧阈值会升高，这意味着可以以较快的速度行进而不产生乳酸。图1-5展示了在倾斜度和背包重量的五种不同变化状态下，通过渐增负荷法借助跑步机进行登山运动时乳酸值的变化情况。

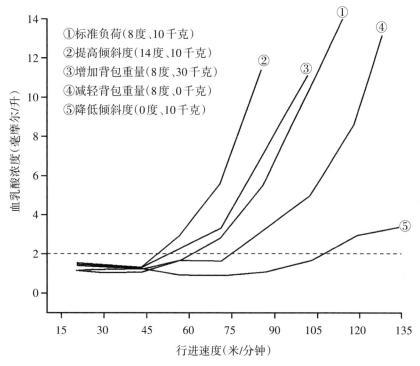

①标准负荷（8度、10千克）
②提高倾斜度（14度、10千克）
③增加背包重量（8度、30千克）
④减轻背包重量（8度、0千克）
⑤降低倾斜度（0度、10千克）

图1-5　渐增负荷运动时血乳酸浓度的变化

表1-1展示了大地社成员在春季和秋季分别背负约30千克的背包进行登山时的血乳酸浓度、心率、主观运动强度（疲劳感）的调查数据。有经验的登山者通常能够根据情况自然而然地调整行进速度，以避免乳酸的产生。这意味着他们会在适当的速度下行进，不会感到过度疲劳。对于初学者来说，为了避免过早疲劳，他们需要学会以不超过自己的无氧阈值的速度行进。如果他们想要增加速度，就需要通过训练来提高无氧阈值，以便能够在更快的速度下行进而不感到疲劳。

表1-1　大地社成员的数据

实验对象	血乳酸浓度（毫摩尔/升）	心率（次/分钟）	主观运动强度	地点
6男、2女	1.9±0.8	150.1±6.2	13.2±1.5	四姑娘大峰
7男、1女	2.0±0.9	149.1±8.3	13.4±1.6	玉珠峰

在登山过程中，行进速度需要根据个人体力和训练水平进行调整。初学者应该以缓慢的速度开始，给身体适应的时间。随着体能的逐渐提高，可以逐渐增加速度和难度。有经验的登山者可以更好地了解自己的体力状况，并根据登山路线的难度和自身条件来调整行进速度，以避免过度疲劳。

行进速度的选择对登山者非常重要，过快的速度可能会导致体力过度消耗，造成疲劳和不适；过慢的速度可能会影响进度和时间。在确定行进速度时，需要考虑多种因素，包括山路的坡度和地形、气候条件、背包负重等。登山者在行进过程中，保持均匀的步伐，尽量避免突然的加速或减速，以保持身体的舒适状态。这不仅可以减轻疲劳，还能更好地欣赏风景和享受登山的乐趣。

1.2.1.3 确定上山行进速度的方法

在登山过程中，不同人之间存在着明显的个体差异，有些人在稍微快一点的速度下就会感到气喘吁吁，而有些人即使行进速度较快也没有疲劳感。这表明个体在适应登山速度方面存在差异。虽然我们在登山中无法实时测量血乳酸浓度来调整速度，但可以参考以下两个指标来帮助我们调整上山速度。

1.心率

不论是夏季还是冬季登山，不论背包的重量或山路的坡度如何变化，有经验的登山者的心率通常不会超过每分钟150～160次/分钟。这个心率水平相当于年轻健康人的目标心率。因此，年轻人只要保持心率在150～160次/分钟以下，就能够在不产生乳酸的情况下长时间行进。但对于中老年人来说，由于心脏功能的下降，需要以更低的心率行进。有一个适用于所有年龄和性别的目标心率换算公式：

$$目标心率 = （220-年龄）\times 0.75$$

这个公式表示个人的目标心率通常为最大心率（220减去年龄）的75%左右。通过设定以目标心率为标准的行进速度，可以帮助人们在登山过程中保持适当的负荷，而不至于过度疲劳。例如，一个40岁的人的最大心率为220-40=180次/分钟，那么，他的目标心率就是180次/分钟乘以0.75，约为135次/分钟。这就是他在登山时应该尽量保持的心率范围。登山者可以通过轻按手腕、测量心脏区域脉搏或颈动脉来测量心率。由于心率在休息后会迅速下降，所以最好是在停止运动后立即进行测量。

表1-2 以年龄差别呈现登山运动时的目标心率

年龄	20～29	30～39	40～49	50～59	60～69	70～79
目标心率 （次/分钟）	143～150	136～142	128～135	120～127	113～120	105～112

2.主观运动强度（疲劳感）

除了心率，个体的主观感受也是一个重要的参考因素。根据瑞典生理心理学家Gunnar Borg设计的指标，运动时大脑感受到的"疲劳程度"可以用语言和数值标准来表现。尽管这种方法一开始看起来似乎没有科学性，但经过频繁使用并养成了习惯后，就能准确地掌握自己身体的负荷程度。如果感觉自己的运动强度过大，呼吸急促，肌肉酸痛，这可能是超出了适当的负荷范围，需要适度降低行进速度。

当乳酸开始在身体中积聚时，人们会感到身体变得有点累。这是因为乳酸的存在会导致大脑发出疲劳的信号，从而让人感到疲劳。因此，要避免乳酸的积聚，就需要以低于让人感到有点累的速度来进行活动。大脑可以被看作是保护身体的指挥中心，当身体负荷过重时，大脑会发出超负荷的警告信号使人感到疲劳，以防止进一步过度负荷。这个机制有助于保护身体免受损害。

综合考虑心率和主观感受，登山者可以更好地调整自己的行进速度，以确保在登山过程中保持适当的负荷水平，避免过度疲劳。这对于保持登山的安全性非常重要。

表1-3 自觉用力程度量表

Borg计分	6	7	8	9	10	11	12	13	14	15	16	17	18	19	20
费力程度	安静、不费力	极其轻松		很轻松	轻松		有点吃力		吃力			非常吃力		极其吃力	筋疲力竭
运动强度分类	静息	非常低			低强度		中等强度		高强度			超高强度			最高强度
最大心率百分比	<50%				～63%		～76%		～93%			≥94%			100%

1.2.2 下山的疲劳

下山同样可能造成疲劳，甚至可能更加显著。特别是对于初学者来说，他们并不认为下山需要大量体力。然而，下山过程中容易发生意外事故，可以说，在某种程度上，下山时的疲劳比上山时更为严重。在登山中，跌倒、滑倒和摔倒是最常见的意外事故，占据了所有意外事故的一半左右，而这些跌倒事件通常是由于失足造成的。因此，失足是导致登山事故的主要原因之一，下山过程中需要格外谨慎，以减少不必要的风险和疲劳。

1.2.2.1 下山产生疲劳的原因

在登山中，下山与上山相比，也会导致不同类型的疲劳。笔者进行了实验，以大地社的成员作为研究对象，通过跑步机模拟上山和下山的情况，以观察心率和肌酸激酶（creatine kinase，CK）的变化。实验结果显示，上山过程中，参与者的初始心率为120次/分钟，最终上升到170次/分钟，这表明上山会导致明显的心肺系统负荷，使人感到非常疲劳。相反，下山过程中，参与者的心率始终维持在120次/分钟左右，几乎没有明显的疲劳感。这表明下山相对来说更轻松一些（如图1-6）。

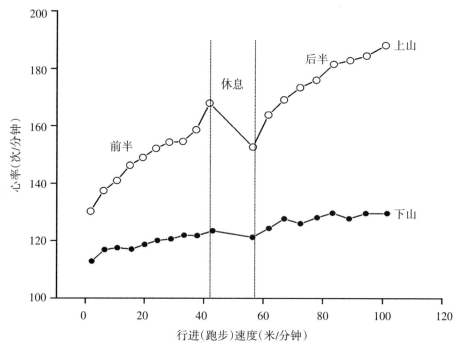

图1-6 上坡、下坡的心率变化

然而，需要注意的是，在实验中观察到了另一个重要的因素，即血液中肌酸激酶（CK）的变化。CK是一种在肌肉损伤时释放到血液中的物质。有趣的是，上山过程中几乎没有引起CK水平的显著增加，而下山过程中CK水平大幅度增加（如图1-7）。这意味着下山过程虽然没有像上山那样显著的心肺负荷，但它可能导致了肌肉的明显损伤。因此，尽管下山对心肺系统的负荷较小，但它可能对肌肉产生更大的压力，导致损伤。这是需要注意的，即使登山者在下山过程中感觉较轻松，也可能会在后续运动中出现肌肉疼痛和疲劳。

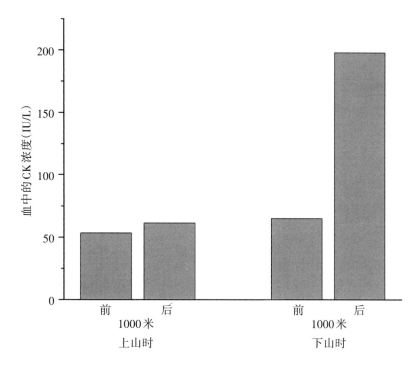

图1-7　上山、下山前后血液中CK的浓度

　　在比较上山和下山时，我们注意到了不同类型的疲劳和身体负担。上山时，登山者的心肺系统承受了较大的负荷，心率上升，呼吸急促，导致迅速感到疲劳。这是因为上山需要更多的心肺活动和氧气供应。相比之下，下山虽然在心肺系统方面负荷较小，但可能会对肌肉造成更大的损伤。实验结果显示，下山过程中，登山者的心率相对稳定，没有明显的心肺疲劳感，但肌酸激酶（CK）等肌肉损伤指标却显著增加。这意味着下山对肌肉产生较大的压力，导致肌肉细胞受损伤。值得注意的是，肌肉细胞受损伤不会被机体立即感知到，而是在运动后的一段时间内才会出现症状，如肌肉疼痛。肌肉疼痛是由肌肉细胞受损伤引起的炎症性反应。与上山不同，下山时最累的时候肌肉通常不会感到疼痛。相反，疼痛感往往在运动后的一两天内显现，这使得很难确定是在上山还是下山时导致的。为了进一步说明这点，我们进行了实验，即上下楼梯的实验。结果显示，人体在上楼梯时似乎感到更累，但实际上，下楼梯时更容易导致肌肉疼痛。这是因为下楼梯时肌肉承受了额外的压力，容易引起肌肉细胞受损伤。

总之，下山时虽然在心肺系统方面负荷较小，但会对肌肉产生较大的压力，导致肌肉细胞受损伤。这一状况在不经常锻炼的人身上更容易发生，因为他们的肌肉较弱，难以承受下山时的压力，同时还会对肾脏产生额外的负担。

1.2.2.2　下山时的腿部肌肉工作原理

登山运动中，大腿股四头肌起着关键作用。上山时，股四头肌会不断缩短并发挥力量，这被称为向心收缩。相反，在下山时，大腿股四头肌会不断拉长并发挥力量，这被称为离心收缩。对于肌力相对较弱的人来说，进行离心收缩容易导致肌肉细胞的损伤，从而降低肌力水平。在运动生理学中，向心收缩是肌肉的自然收缩方式，肌力下降幅度较小，恢复所需的时间也较短。然而，离心收缩是一种不太自然的肌肉收缩方式，这种方式造成肌力下降明显，恢复所需时间较长。这就意味着，如果在下山过程中需要频繁进行离心收缩，腿部肌肉力量较弱的人更容易导致肌力迅速下降。

登山中，腿部肌肉在上山时通常进行向心收缩，肌肉力量不会明显下降；而在下山时，腿部肌肉需要反复进行离心收缩，这会导致肌肉力量的急剧减弱。当肌肉力量下降时，双腿支撑身体重量的能力也会降低，这增加了跌倒的风险。在下山过程中，人们可能会经历"双脚无力""腿部颤抖""膝盖摇晃"等问题，这些都是由于频繁进行离心收缩导致腿部力量下降的明显表现。图1-8显示的是12名女大学生反复进行大腿股二头肌弯举20次，每次尽力持续5秒钟的实验结果。可以明显地看到，肌肉进行离心收缩时，肌力大幅度下降，而且运动后很难快速恢复原状。

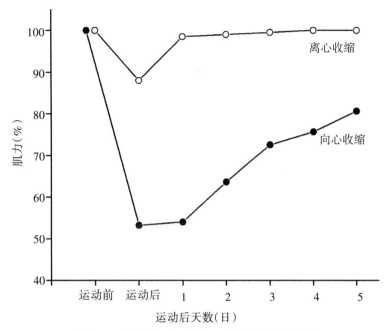

图1-8 向心收缩与离心收缩的肌力与恢复对比

1.2.2.3 下山时的落地冲击力

在平地上行走，每次着地时会产生约等于体重的缓慢反弹力量，而在慢跑时，每次着地时会产生约等于体重的两倍的力量，这是一种瞬间的强烈反弹力量。接下来，让我们看看在攀登楼梯和下楼梯时的情况。攀登楼梯时，每次着地时产生的反弹力量大致与体重相当，而下楼梯时，每次着地时的反弹力量约为攀登楼梯时的两倍，即大约是体重的两倍，而且这种反弹力量在瞬间释放出来。需要注意的是，这些实验是在没有额外负载的情况下进行的。如果背负背包的话，会导致更大的冲击力。因此，在攀登楼梯和下楼梯时，承受的冲击力相当于在平地行走时背负额外负荷的效果。攀登楼梯时，类似于徒步行走，而下楼梯时，相当于经历了慢跑般的强烈冲击力。

总结一下，在下山时，尽管看似进行徒步行走，但实际上承受了类似慢跑时的巨大冲击力。为了应对这种强烈的着地冲击力，大腿股四头肌起到了支撑身体重量的重要作用。如图1-9所示，肌肉在下山时需要不断进行离心收缩，这会导致肌肉力量急剧下降。因此，下山时，在腿部肌肉力量的减弱以及强烈的着地冲击力的作用下，大腿可能无法有效支撑体重，从而增加跌倒的风险。

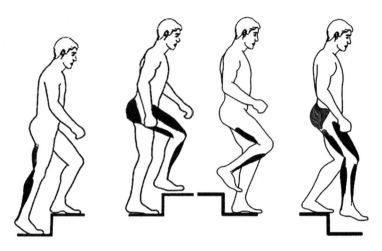

图1-9 上、下台阶时大腿肌肉的向心收缩与离心收缩

1.2.2.4 预防下山疲劳的方法

为了减轻下山时对大腿股四头肌的压力，可以采用以下方法：

1.改进徒步技巧

采用正确的步行方式可以减少大腿股四头肌的负担。慢慢下山，缩小步幅，逐渐下降，有助于减少着地时的冲击力。此外，可以利用膝关节的缓冲来分散冲击力，减轻腿部的负担。

2.使用登山杖

登山杖可以将一部分着地冲击力分散到手臂上，从而减轻腿部的负担。这对中老年登山者尤其有益。需要注意的是，使用登山杖会增加手臂的负担，因此，需要具备一定的手臂力量。

3.减轻背包重量

背包的重量也会在下山时增加腿部的负担。尽量减少不必要的物品可以减轻背包的重量，从而减少冲击力。

4.控制体重

肥胖者的体重承受能力较低，容易在下山时跌倒，并可能导致膝盖和腰部疼痛。通过减重训练来降低体重，可以减轻腿部的负担。

5.选择平缓的下山路线

在下山时选择坡度较平缓的路线可以减少腿部的负担。在制订登山计划时，需要特别注意选择适合的路线，避免过于陡峭的下坡路段。

这些方法可以帮助登山者减轻下山时对大腿股四头肌的负担，降低受伤和疲劳的风险。

1.2.3 能源枯竭引起的疲劳

在登山过程中，即使我们以谨慎的速度上山，小心翼翼地下山，以避免过度疲劳，也不可能永远保持不感到疲劳。这就好比汽车以经济时速行驶，虽然只需要少量油门操作，但最终还是会遇到油耗尽的情况，因为燃料有限。

同样的道理也适用于身体的运动。正如前面章节中所讨论的，登山运动需要消耗大量的能量，尽管它对减脂和促进健康有积极的影响。但是，由于身体的能源是有限的，一旦能量用尽，身体就会停止运转，就像汽车的油耗尽一样。因此，为了保持身体的能量供应，我们必须像为汽车加油一样及时摄取食物。

如果不及时为身体补充能源物质，不仅会导致疲劳，还可能对健康产生不利影响，甚至引发意外事故。因此，饮食在身体运动中至关重要，绝不能被忽视。

1.2.3.1 饮食与运动能力

在20世纪30～50年代的那个体力劳动时期，欧美的生理学研究者进行了一系列实验和调查，发现了饮食与运动能力以及疲劳之间紧密相连的关系。以下是其中一些研究的案例。

第一，空腹的狗在跑步机上跑步，最多只能坚持4个半小时，然后就无法继续了。但如果同一只狗在跑步机上一边跑步一边摄取糖分，它可以坚持长达17个小时。

第二，研究者与监狱犯人达成协议，将他们的报酬与运动总量挂钩，要求他们每天尽可能长时间地骑固定自行车（用于实验），并坚持几个月。随着运动时间的增加，监狱犯人的面包消耗量也相应增加。最终，最有耐力的人每天运动了6小时（相当于爬升一座5300米高的山），每天的面包摄入量分别为早餐12～14片，午餐14～19片，晚餐23～25片。

第三，煤矿工人每天摄入2800卡路里的热量，一天采矿7吨。当他们的饮食摄入量增加400卡路里时，采矿产量增加到9.6吨，但体重下降了1千克。如果再增加400卡路里的摄入量，体重就恢复到原来的水平，采矿产量增加到10吨。还有报告指出，煤矿工人在工作期间加餐可以提高生产量，不吃早餐则会降低生产量。

综上所述，这些研究结果揭示了长时间的运动和体力劳动与饮食之间的密切联系。这一发现同样适用于登山运动。那么，应该如何选择和摄取适当的食物呢？

1.2.3.2　登山运动的主要能量物质来源

登山运动所需的能量主要来自食物中的碳水化合物和脂肪。这两种燃料通过氧气燃烧来提供肌肉活动所需的能量。然而，这两种燃料之间存在一种微妙的平衡，因为人体可以储存大量的脂肪，但只能储存有限的碳水化合物。这是因为过多的碳水化合物会被转化为脂肪并储存起来，所以人体只能储存有限数量的碳水化合物，在体内，这两种燃料的储存量存在不平衡。

对于中等强度的运动，比如登山，碳水化合物和脂肪可以提供数小时的能量支持。如图1-10所示，如果主要依赖脂肪作为燃料，你可以连续数天进行运动而不需要休息，因为脂肪提供的能量可以维持超过一周的时间。但是，如果主要依赖碳水化合物，能量在不到1.5小时内就会耗尽。因此，即使将碳水化合物和脂肪均匀混合燃烧，碳水化合物也会在3小时内首先用完。

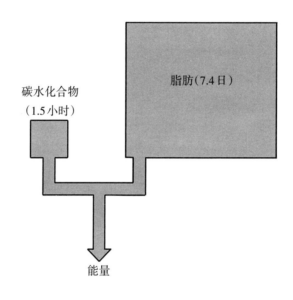

图1-10　人体内碳水化合物与脂肪的储存量关系

这引出了一个重要的问题：当碳水化合物耗尽时，是否可以继续消耗脂肪来提供能量，以促进健康？答案是否定的。问题的本质在于，碳水化合物可以单独燃烧，而脂肪必须与碳水化合物一起燃烧。因此，如果碳水化合物耗尽了，脂肪就无法充分燃烧，肌肉也不能正常运动。可以将碳水化合物视为脂肪燃烧的催化剂，这有助于更好地理解。因此，如果想要在运动中更多地燃烧脂肪，就需要在运动过程中积极摄取碳水化合物。

总之，不吃任何食物进行运动不仅会导致疲劳，还无法有效地燃烧脂肪，事实上会产生相反的效果。表1-4对比了碳水化合物和脂肪作为燃料的性质。显然，碳水化合物的适用范围更广，性能更出色，唯一的缺点是储存量有限。相比之下，脂肪的储存量很大，但适用范围较窄，性能也较差。

表1-4　碳水化合物和脂肪的性能比较

性能	碳水化合物	脂肪
能量贡献	大(约为脂肪的2倍)	小(占碳水化合物的1/2)
人体内容量	小(约为脂肪的1/100)	大(约为碳水化合物的100倍)
与氧气的关系	有氧、无氧运动均能利用 产生同样的能量,所需的氧气比脂肪要少(约10%),因此,有研究者认为对高海拔登山运动有利	只在有氧运动时才能被利用 产生同样的能量,需要比碳水化合物更多的氧气(约10%)
可利用的器官	是肌肉、大脑及神经系统的能量来源	是肌肉的能量来源,却不是大脑和神经系统的能量来源
燃烧度	不与脂肪混合也能燃烧 即使高强度的运动中也会燃烧 即使出现乳酸也会燃烧	不与碳水化合物混合就无法燃烧 高强度的运动中不太会燃烧 一旦出现乳酸就不太会燃烧

1.2.3.3　不进食的严重后果

1.肌肉功能受损

当身体的碳水化合物储备用尽时，血糖水平下降，这会导致疲劳感。图1-11展示了一位大地社登山队队员在吃早餐和没吃早餐的情况下骑固定自行车时的疲劳表现，数据以血糖水平和主观运动强度为指标。正常情况下，血糖水平维持在稳定水平（大约80～90毫克/分升）。当碳水化合物储备几乎用尽时，血糖水平下降，可以类比为汽车的油量耗尽。

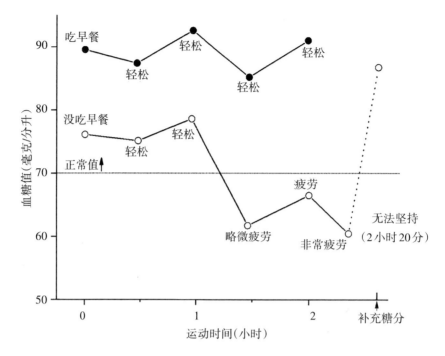

图1-11　大地社一名登山队员是否进食早餐时的运动能力对比

实验结果显示，在吃早餐的那一天，2小时的运动过程中，该登山队员的血糖水平保持不变，主观运动强度一直维持在"轻松"范围内，因此运动员停止了运动。相反，在没吃早餐的那一天，运动1.5小时后，其血糖水平下降，主观运动强度从"轻松"转变为"略感疲劳"。随着继续运动，到了2小时20分钟后，运动员已经感到"非常疲劳"，无法继续运动下去。这个时间点上的运动量相当于徒手登山1300米的程度。

这组数据告诉我们，运动员即使进行相对轻松的运动，如果不进食，也会导致疲劳。虽然在没有进食的情况下，人们可以进行大约1～2小时的正常运动，但很容易忘记饮食的重要性。一旦忽视了进食，疲劳会很快袭击。正如前面提到的，即使对于初学者来说，他们疲劳的主要原因是乳酸积聚，但燃料耗尽引起的疲劳也经常影响经验丰富的登山者。

2.大脑功能下降

大脑功能下降是碳水化合物耗尽的一个后果。碳水化合物的消耗不仅会导致肌肉疲劳，还会对大脑和神经系统造成不利影响。大脑需要大量的碳水化合物来保持正常运转，因为它是身体的指挥中枢，负责协调各种生理过程。虽然脂肪和碳水化合物都可以为肌肉提供燃料，但大脑和神经系统主要依赖碳水化合物来满足其高能耗需求。

当碳水化合物储备用尽时，不仅肌肉会感到疲劳，大脑和神经系统也会受到影响。大脑和神经系统在维持正常功能时消耗大量的碳水化合物。如果碳水化合物供应不足，大脑的功能将下降，可能导致注意力不集中、判断力下降，增加发生意外事故的风险。事实上，登山中的许多意外事故往往发生在上午11点左右和下午3点左右，这可能与碳水化合物耗尽导致大脑疲劳有关。

为了维持大脑和神经系统的正常功能，特别是在体力活动期间，及时补充碳水化合物非常重要。研究表明，人们没有摄入足够的碳水化合物会导致驾驶失误率增加（见图1-12）。因此，人们在活动前提前摄取碳水化合物可以帮助维持注意力水平，避免大脑疲劳。对于那些容易血糖下降的糖尿病患者来说，更需要格外关注碳水化合物的摄入以维护他们的健康和安全。

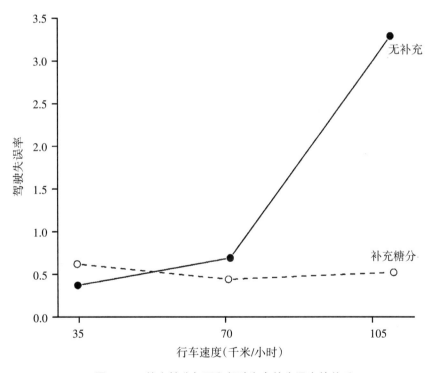

图1-12　补充糖分与否和驾驶汽车的失误率的关系

3.损伤肌肉和内脏

碳水化合物耗尽后，身体会启动防御系统，将蛋白质分解为碳水化合物，并将其用作燃料。这种情况下，首先受到分解的是肌肉中的蛋白质。因此，如果在登山过程中不及时补充碳水化合物，身体会将肌肉用作燃料，这会导致已经努力增长的肌肉受到疼痛和损伤。一项实验观察了人体在摄取高碳水化合物和低碳水化合物食物后，经过长时间运动后尿素（蛋白质分解产生的废物）的水平，以评估肌肉损伤的情况。结果显示，摄入低碳水化合物食物的肌肉损伤比摄入高碳水化合物食物的肌肉损伤高出2倍以上（见图1-13）。

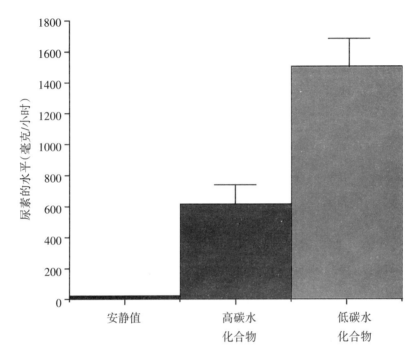

图1-13　摄取不同的碳水化合物后肌肉损伤情况差异

　　肌肉中的蛋白质含有氮，肌肉燃烧时会产生氮化合物等废物。这些废物必须通过肾脏进行过滤，并以尿液的形式排出体外。肾脏是过滤血液中有害物质的主要器官之一。每天有1.5吨的血液流经肾脏，肾脏负担过重可能导致肾脏疲劳和慢性衰竭。如果在登山后的几天内手脚仍然出现浮肿等症状，可能表明肾脏的排除水分功能受到损害。因此，在登山过程中及之后，合理的饮食和水分摄取非常重要，以减轻对肌肉和内脏的损伤风险。

1.2.3.4 登山期间的饮食指南

登山期间如何安排饮食呢？吃什么？吃多少？怎么吃最好？下面我们就来逐一讨论。

1.吃什么

饮食在登山中扮演着至关重要的角色，不同的营养成分在身体的能量供应和维持体力方面发挥不同的作用。通常，食物的营养成分可以分为五大类，包括碳水化合物、脂肪、蛋白质、维生素和矿物质。在进行长时间登山时，所有这些营养都具有重要性，但对于短期1～2天的登山活动，碳水化合物显得尤为关键。以下是一些关于摄取食物的重要考虑因素：

（1）碳水化合物：在短期登山中，碳水化合物是最重要的能量来源。富含碳水化合物的食物包括米饭、年糕、面条、面包、马铃薯和红薯等淀粉类食物，以及糖果、巧克力、蜂蜜和水果等含糖类食物。

（2）糖类vs.淀粉类：糖类被认为是速效型燃料，可以快速提高血糖水平，因此在感到疲劳时，及时摄取糖类能够迅速提供能量。然而，研究表明，如果在运动前大量摄入糖类食物，血糖水平可能会迅速升高，随后急剧下降，导致疲劳。相比之下，淀粉是一种迟效型燃料，可以使血糖水平缓慢上升，提供持久稳定的能量。因此，在登山运动中，淀粉类食物如大米和面条可能更适合作为早餐和随身携带的食物，以保持能量供应的稳定性。

总结而言，在短期登山中，适量摄取富含碳水化合物的食物非常重要。此外，应根据个人情况和经验制订适合自己的登山饮食计划，以确保身体能够维持最佳状态。

2.吃多少

登山运动需要长时间持久性的能量供应。以下是一些关于能量消耗和补充的进一步说明。

（1）能量消耗：根据体重、背负重量以及运动强度的不同，个人的能量消耗会有所不同。登山通常需要较高的能量消耗，因为它结合了有氧运动和负重运动。一般情况下，每小时每千克体重消耗6卡路里（空身）和9卡路里（背负20千克的背包）的数据是一个合理的估算，但确切的数字会因个体差异和环境条件而异。

（2）能量摄取：补充足够的能量对于维持体力和警觉状态至关重要。一般情况下，消耗3600卡路里的登山运动中需要补充1200～1800卡路里的能量。补充的能量应该包括碳水化合物、蛋白质和脂肪，以确保全面的能量供应。

（3）食欲问题：登山过程中，由于身体状况和高海拔等因素，食欲可能会受到影响，导致食欲缺乏。这是一个常见的问题，在计划饮食时要考虑到。选择易于消化和吸收的食物，另食物口感和味道对于提高食欲也很重要。

（4）运动前和运动中的摄入：在登山之前，应该确保早餐摄入足够的能量，以准备好开始长时间的运动。在运动中，定时补充能量和水分非常重要，以防止能量不足和脱水。

总之，在登山期间，合理的能量摄取和消耗管理对于保持体力和健康至关重要。个体差异和环境条件会影响需求，因此，根据自己的体验和需求来调整饮食计划是明智的选择。同时，建议在长时间的登山活动前进行足够的训练和准备。

3.怎么吃

在登山中，饮食是至关重要的，它可以为你提供必要的能量和营养，确保你在登山时能够保持良好的体力和注意力。以下是关于如何吃的一些建议。

（1）早餐：早餐是一天中最重要的一餐，尤其是在登山中。因为在睡觉后，人的身体已经进入了空腹状态，需要能量来启动。早餐时，避免摄入过多的速效型食物，如糖分，因为这可能导致血糖迅速上升然后下降，引起疲劳；相反，选择摄入迟效型的淀粉类食物，如大米和面条，这些食物能够提供稳定的能量。

（2）午餐（随身携带食物）：碳水化合物很容易在运动中被耗尽，因此，不要采用一次性用餐的方式，最好在行进间定时、少量地补充食物。国际登山联合会（UIAA）的医学委员会建议，至少每2个小时进食1次，最好混合摄入淀粉类和糖类食物，以提供持续的能量。

（3）晚餐：对于那些需要在山中过夜的登山活动，晚餐是非常重要的。经过一整天的运动后，身体的碳水化合物储备已经几乎用完，所以晚餐时需要及时补充。此外，还要确保摄入足够的蛋白质和脂肪，以帮助恢复和提供能量。

（4）维生素和矿物质：长时间的登山可能导致维生素和矿物质不足，但在山上摄取均衡的饮食可能会有困难。在这种情况下，可以考虑服用复合维生素片，但要注意不要过量摄入某些脂溶性维生素，如维生素 A 和 D。

（5）避免酒精：酒精虽然含有高能量，但不适合作为登山的能量。它不会像碳水化合物一样在运动中燃烧，而且可能导致大脑和神经系统功能下降，影响体温调节。

总之，合理的饮食计划对于登山活动至关重要。根据自己的需要和经验制订计划，确保在登山期间保持充足的能量和体力。

1.2.3.5　冬季登山时维持体温的食物

冬季登山需要更多的食物来保持体温和提供足够的能量。

1.脂肪和蛋白质的作用

脂肪和蛋白质在寒冷环境中确实能够提供额外的能量，帮助提高体温。脂肪是高能量食物，可以为身体提供长时间的能量，而蛋白质则有助于维持肌肉质量和提供额外的热量。这对于冬季登山中的体温调节非常有帮助。

2.维生素的重要性

维生素在维持身体各种生理功能中起着重要作用，包括体温调节。确保摄取足够的维生素是保持身体健康和温暖的关键。

3.具有产热作用的食物

一些食物确实可以促进体温的产生，特别是辣椒、胡椒等辛辣香料，可以刺激自主神经，增加体内热量的产生，有助于在寒冷环境中保持体温。

4.碳水化合物的重要性

尽管蛋白质和脂肪在冬季登山中很重要，但碳水化合物仍然是必不可少的。碳水化合物是迅速的能量来源，对于长时间的登山活动和体力消耗至关重要。寒冷环境中确保摄取足够的碳水化合物，以维持体力和耐力。

总之，冬季登山需要综合考虑不同类型的营养素，以满足身体的需求，维持体温和提供足够的能量。食物的选择应该根据具体情况和个人需求来调整，以确保登山活动的顺利进行和身体的舒适。

1.2.3.6　节约碳水化合物的方法

在长时间的登山运动中，合理管理碳水化合物摄取可以帮助提高能量储备，以下是一些如何节约碳水化合物的知识与方法。

1.行进技术

控制行进速度可以帮助身体减少对碳水化合物的依赖。维持适度的行进速度，以确保脂肪开始燃烧，可以延长碳水化合物的耗尽时间。此外，合理的行进速度分配对于长时间登山活动非常重要，可以减少早期碳水化合物消耗。

2.提升体能

良好的体能可以帮助提高脂肪燃烧比例，减少碳水化合物的消耗。通过长期的有氧训练，可以提高身体对脂肪的利用效率，这对长时间的登山活动非常有益。

3.肝糖超补

这种方法是通过在比赛（登山）前一周逐渐减少训练量，然后增加碳水化合物摄入，来增加肝糖储备。这在某些竞技体育中确实有用，但对于普通登山者可能不太实际，因为它需要精确的计划和监测。此外，肝糖的储备是有限的，过度的碳水化合物摄取也可能导致体内存储的糖转化为脂肪。

需要强调的是，每个人的身体状况和需求都不同，在采用上述方法之前，最好在专业医生或运动营养师的指导下进行。对于长时间的登山活动，需要摄取适量的碳水化合物，以确保提供足够的能量以维持体力。合理的饮食计划和补充是登山活动中的关键因素之一，可以确保身体在极端条件下的运动表现和健康。

1.2.4 体温升高引起的疲劳

在登山运动中，身体会产生大量的热量，而体内的调节系统会努力维持适宜的体温。如果身体无法有效散热，体温将持续上升，这被称为热应激。一旦体温升至一定程度，身体的代谢功能会受到影响，导致疲劳感。这种疲劳不仅影响肌肉的运动能力，还会对心血管和神经系统功能产生负面影响，甚至引发头晕、头痛、恶心等症状。长时间的体温升高还可能导致脱水风险增加。

因此，在登山运动中，要注意及时补充水分，以维持适宜的体温，避免体温升高引起的疲劳和其他不适症状。可以将这个过程类比为汽车发动机过热的情况，就像需要不断添加冷却水以降低发动机温度一样，人体也需要定期摄入水分以防止体温升高。

1.2.4.1 登山过程中产生的热量

在运动过程中，肌肉产生大量能量，但其中只有一小部分用于推动身体进行活动，大部分能量会转化为热量。这是导致身体在运动时变热的原因，而登山运动也不例外。一次登山运动会产生大量热量，但其中只有少部分用于推动运动，大部分转化为热量，导致身体升温。

为了研究登山运动产生的热量，进行了一项实验。在一个炎热的房间里，参与者背负着15千克的背包，进行了1小时的模拟登山活动。测量结果显示，这项运动产生了约800卡路里的能量，但其中只有16%用于推动运动，其余的84%转化为热量。在冬季登山中，这些热量可以帮助保暖，但在夏季的炎热天气中，它们可能导致过热。

图1-14说明了随着运动时间的推移，人体的体温上升的情况。其中的两条曲线表示了人体的体温上升的两种情况。一条曲线表示，假设所有在运动中产生的热量都留在体内，理论上体温将上升11.6度，从37.4度升至49度。人体的体温一旦超过42度，就会导致生命危险。因此，如果体内的热量无法散发出去，这项实验中的运动仅持续20分钟后就可能使人致命。另一条曲线表示人体的实际体温上升的情况，即使在运动1小时后，人体的体温仅上升了1.5度，达到了38.9度。这是因为运动中会不断有热量散发出体外。当我们出汗时，汗液蒸发会带走大量热量，有助于降低体温。在这项运动中，实验者失去了约1.3千克的水分，这些水分帮助身体降低了体温，避免了致命的高体温情况发生。

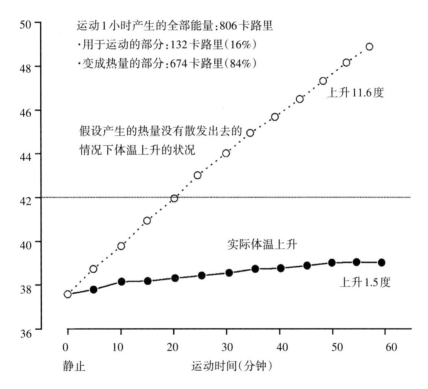

图1-14　登山1小时后能量产生量和体温上升的情况

1.2.4.2　登山不饮水会怎样

长时间进行登山运动后不喝水，会导致身体出现不同的变化。在温度38℃、湿度30%的环境中，进行了模拟登山运动，实验者在倾斜的跑步机上行走了6个小时。根据实验结果，以下是三种不同饮水方式下的运动者表现（图1-15）。

地/质/体/育/理/论/与/实/践

1.完全不饮水

随着时间的推移，体温持续上升，当超过4个小时后，实验者已经进入非常疲劳的状态。这个状态就像汽车的发动机缺乏冷却水而导致过热的情况。

2.随意饮水

体温上升程度不太高，实验者可以相对轻松地坚持到最后。然而，在运动中，实验者摄入的水量只有脱水量的三分之二，因此到了运动的后半段，体温开始上升。

3.摄入与排汗相等的水量

实验者的体温几乎没有上升，可以轻松地持续运动到最后。

从这个实验得出两个重要结论：第一，如果人体不摄取足够的水分，就无法轻松地进行长时间运动；第二，仅仅随意饮水是不够的，必须有意识地多喝水。根据1947年Adolph进行的一项研究——99名实验者在沙漠中进行随意饮水实验，结果显示，他们只摄入了脱水量的30%～90%（平均50%）的水分。过去有人认为，运动中随意饮水会导致水分过多摄入，但事实与之相反，实际情况是"饮水不足"。因此，在登山运动中，确保饮水充足非常重要，充足的饮水能维持体内的水分平衡和防止脱水。

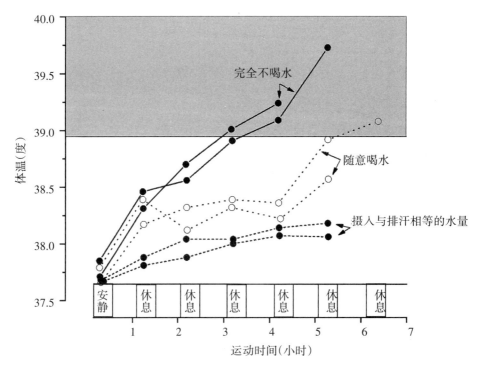

图1-15 三种不同的饮水方式下体温上升情况

·030·

1.2.4.3 脱水引起的各种问题

脱水是指身体失去过多的水分和电解质，这可能会导致各种健康问题。以下是脱水可能引起的一些常见问题：

1.热疲劳

当身体不能摄取足够的水分时，人体的运动能力会下降。即使脱水量仅达到体重的2%，耐力也会下降约10%。这是因为脱水会导致血液中的水分减少、血压下降，从而影响供应肌肉所需的燃料和氧气。这可能导致身体出现疲劳、倦怠、呼吸困难、头痛、头晕、呕吐、低血压等症状。身体为了抵消血压下降，心率会上升，从而给心脏增加额外的负担（图1-16）。

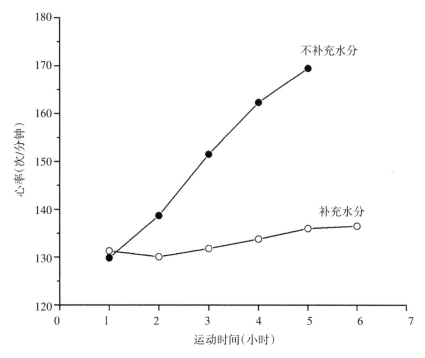

图1-16 补水和不补水情况下进行同一运动时的心率情况

2.日射病

如果人体脱水得不到及时处理，继续运动后，体温将继续升高，可能导致日射病，即重度中暑。在日射病情况下，出汗停止，体温上升速度更快，可能引发运动失调或意识模糊。这种情况下，如果不能迅速降低体温，可能会有致命的风险。

3.肌肉痉挛

人体的大量出汗会导致机体中水分和盐分的流失。因此，只补充水分而不补充电解质，可能会引发肌肉痉挛，尤其是在登山运动中，小腿和大腿肌肉是最容易受影响的部位。当肢体发生痉挛时，最好饮用生理盐水或运动饮料来恢复机体的电解质和水分平衡。

4.血栓

人体脱水会导致血液黏度增加，血液容易凝结成血栓。对于中老年人，特别是那些已经有动脉硬化和血管狭窄问题的人来说，这可能会增加发生脑卒中或心肌梗死的风险。在高原登山或健走等活动中，脱水的风险也较高，因此，保持身体足够的水分摄入非常重要。

5.水肿

随着脱水的加重，身体会分泌一种抗利尿激素，以减少尿液排出，保留体内水分。这种激素的分泌在运动结束后仍会持续12～48小时，即使停止运动后，饮用的水也不会立即排出，而会在体内积聚，可能导致手脚或面部水肿。因此，身体除了确保摄入足够的水分外，还需要确保摄入足够的碳水化合物，以防止水肿的发生。

1.2.4.4 登山时喝多少水合适

在登山活动中保持充足的水分摄取非常重要。脱水可能导致一系列不适，包括头晕、虚弱、恶心、肌肉痉挛和更严重的健康问题。因此，在登山活动中要避免身体发生脱水的情况。脱水量不应超过体重的2%，超过这个比例可能会引发严重的身体反应和健康问题。以下是登山时饮水应注意的问题：

1.计算水分需求

计算在登山运动中的水分需求，首先要测量登山前后的体重差异，并考虑食物和水的摄入量，以估算脱水量。然后，使用公式：脱水量（克）= 5克×a千克×b小时，来计算需要的水量，即体重a千克的人进行b小时的登山运动时的大约脱水量。

2.携带足够的水

大多数登山者会携带大约2升水，但根据公式计算，长时间攀登可能需要更多的水。登山中确保携带足够的水，以满足身体需求，特别是在干燥和高温的环境中。

3. 补充水分

在登山过程中，不断地补充水分是必要的。使用公式：饮水量（克）=5ab-20a，来估算补充水量，将脱水量限制在体重的2%以下。

4. 季节和环境因素

夏季登山中需要保持充足的水分摄取，冬季登山和高原登山等较少出汗的环境中，也需要关注水分补充。

5. 呼吸引发的水分流失

身体在剧烈的运动过程中，由于呼气导致额外的水分流失，因此，需要更多的水来补充身体中失去的水分。

总之，在登山运动中，确保充足的水分摄取对于维持身体功能和健康非常重要。人们要根据体重、运动时间和环境条件来计算和携带足够的水，并在运动期间定期补充水分以避免脱水。此外，了解身体的信号，如口渴，也是保持水分平衡的关键。

1.2.4.5 登山时的饮水选择

在登山过程中，正确选择和摄取饮水至关重要。以下是一些关于登山时饮水的建议：

1. 温度

通常情况下，传统养生观念认为喝冷水对身体有害，然而，在炎热的天气下，喝冷水对身体有一些好处。首先，肠道能更快地吸收冷水，这有助于迅速补充体内失去的水分。其次，冷水可以从身体内部直接降低体温，对于身体的降温有一定帮助。不过，如果喝冷水会让身体感到不适，可以选择适温的水。冬季登山和高原登山时，直接饮用冷水或吃冰块可能导致体温下降，因此最好选择温水。总之，要根据个人的体验和需求来决定喝哪种温度的水。

2. 次数

在登山运动中，人们必须比平常更频繁地补充水分，但一口气喝太多水可能会导致胃部不适。尤其是对于不常参加体育活动或饭量较小的人来说，一次性大量饮水可能引起身体不适。因此，采用多次少量的饮水方式通常更为适宜。在炎热的天气下，建议至少每小时喝一次水，或者每30分钟小酌一口。

3. 种类

饮用的液体可以包括白开水、茶水、果汁、运动饮料等，原则上选择自己喜欢的。许多研究表明，运动饮料和白开水的效果没有太大区别。然而，在登山过程中，由于身体失去大量水分的同时也会流失电解质，因此，运动饮料可能更有助于维持电解质平衡。无论是白开水还是运动饮料，长时间只喝一种饮品可能会引起口味疲劳，因此可以适量更换饮品。

需要注意的是，对于未知水源，最好进行必要的净化处理，以避免可能的疾病感染。登山时保持充足的水分摄取对于身体的健康和体力至关重要，因此务必慎重对待饮水问题。

1.2.4.6 关于水中毒

关于水中毒，确实是一个需要注意的健康问题，特别是在运动和登山等活动中。水中毒又称低钠血症，是由于过度饮水，导致血液中盐分（特别是钠）浓度过低而引起的健康问题。症状包括肌肉痉挛、头晕、恶心、呕吐、意识丧失等，严重情况下可能危及生命。

导致水中毒的原因：一是下意识地过度饮水。一些人可能因为对自己的水分需求缺乏了解，或者出于过度担心脱水而过多地饮水。要避免这种情况，可以根据体重、活动时间和环境等因素，使用合适的饮水公式来制定适当的饮水量。二是长时间的运动。在登山等长时间运动中，人们出汗较多，导致大量的水分和盐分流失。为了弥补失去的水分，一些人可能会过度饮水，而不及时补充盐分，导致相对缺盐的情况。

为了预防水中毒，可以采取以下措施：一是在运动中合理补充水分，不要下意识地过多饮水，根据体重和运动时间来计算合适的饮水量。二是选择食用含盐分的食物或点心，或者考虑喝运动饮料，以补充失去的盐分。三是学会识别水中毒的症状，如果出现症状，及时停止饮水，并寻求医疗帮助。

总之，正确的水分摄取在运动和登山中非常重要，但过度饮水可能会导致水中毒，因此需要谨慎管理水分摄入，确保身体的水盐平衡，以维护身体的健康和安全。如果有疑虑或出现不适，应及时咨询医疗专业人士的建议。

1.2.4.7 如何应对高温多湿环境

夏季的山区，特别是那些受到草原热气流影响的低山或高山山麓地区，可能会出现高温多湿的环境，这确实对身体有挑战性。在这种情况下，热应激和中暑的风险会增加，因为汗水不容易蒸发，导致体温升高。不管喝多少水，如果汗水不蒸发，体温就有可能继续上升，引起中暑（图1-17）。以下是一些应对高温多湿环境的建议：

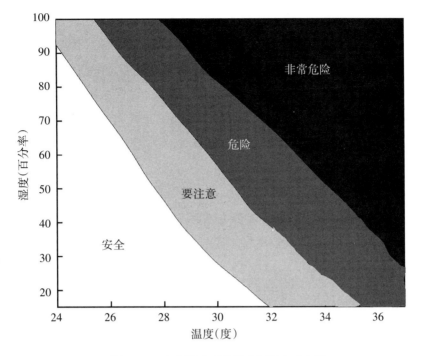

图1-17 安全运动时的湿度与温度对应表

1.避开高温时段

尽量在清晨或傍晚等温度较低的时段进行户外活动，以减少高温多湿环境下的风险。

2.减少运动强度

在这种环境下，降低运动强度和频率非常重要。慢走，避免剧烈运动，以减少体内的热负荷。

3.充分休息

定期休息有助于降低体温上升的速度。可以将行程划分成多段，每段行程后休息，以保持身体凉爽。

4.饮用适温水

确保随身携带足够的水，并饮用适温的水，以避免过冷或过热的饮品。适量饮水有助于保持水分平衡。

5.穿适当的服装

选择透气性好的服装，帮助汗水蒸发，并提供保护，免受阳光直射。

6.使用湿毛巾或喷雾瓶

在需要时，使用湿毛巾擦拭身体或者使用喷雾瓶喷水，以从外部降低体温。

7. 了解中暑的症状

了解中暑的症状，如头晕、恶心、虚弱等，以便及时采取行动。如果出现这些症状，应立即停止活动，到阴凉处休息，并补充水分。

总之，在高温多湿的环境中运动需要额外小心，确保采取预防措施来降低中暑和热应激的风险。安全永远是首要考虑因素，如果天气条件极端，最好考虑推迟或取消计划的户外活动，以确保身体的健康和安全。

1.2.4.8 不耐热的人群

对于不耐热的人群，特别需要采取额外的预防措施来确保在炎热的山区环境中安全运动。以下是一些适用于这些人群的建议：

1. 不易出汗的体质

对于那些不易出汗的人，特别需要小心控制运动强度和持续时间，以避免过度劳累和热应激。在高温天气中，他们更需要依靠其他方式来降低体温，如选择凉爽的时段进行活动，保持身体湿润，并确保饮用足够的水。

2. 女性

女性在高温环境下确实需要额外的关注。她们可以通过穿透气和轻便的运动服装，以及定期休息和饮水来帮助自己降低体温。

3. 儿童

儿童尤其要注意在高温天气中进行户外活动的时机，选择清晨或傍晚，避免中午时分的高温。还应确保他们穿适当的服装，佩戴帽子和太阳镜，以及定时饮水。

4. 中老年人

中老年人需要特别小心，因为他们的身体在炎热环境下更容易受到影响。他们应该避免过度劳累，定时休息、饮水，以及选择适合自己体能状况的运动强度。

5. 肥胖者

肥胖者需要更加小心热应激的风险。他们可以通过减少运动强度、定时休息、饮用适量的水，以及选择相对凉爽的时段进行活动来降低风险。

总之，对于不同的人群，在高温多湿的山区环境中运动都需要特别注意。个体存在差异，每个人都应该根据自己的体质和需求采取适当的预防措施，以确保在户外活动中保持安全和舒适。安全永远是首要考虑因素，如果身体出现不适，应立即停止活动并采取相应措施。

1.2.4.9　耐热的方法

预先训练和适应高温环境对于登山者在炎热的山区运动中的安全和舒适非常重要。以下是一些关于如何训练出耐热体质的建议：

1.体能训练

进行持续的体能训练是提高身体耐热能力的关键。定期参加有氧运动，如慢跑、骑自行车或游泳，可以增强心肺功能和体能，这有助于提高体内的体温调节能力。

2.逐渐适应高温环境

登山者在登山前的一到两周，有意识地让自己适应高温环境。可以选择在炎热的天气中进行户外锻炼，逐渐延长锻炼时间，以增加身体对高温的适应能力。务必小心不要过度训练，要循序渐进地增加训练强度和时间。

3.适度脱水训练

一些训练者会采取适度脱水训练的方法，即在训练过程中限制水分摄入，以模拟登山过程中水源不足的情况。这有助于训练身体更有效地利用水分，但必须谨慎操作，并在合适的时候补充水分。

4.热适应训练

一些地区提供热适应训练室，可以在受控的高温环境中进行锻炼，帮助身体适应高温环境。这种训练可以帮助身体提高耐热性。

5.保持身体水分平衡

在高温环境中，训练者仍然需要饮用足够的水，但要根据个体需求和情况适量补充。注意不要过度饮水，以免引发水中毒。

6.学会辨别体征

了解中暑和热应激的症状，如头晕、虚弱、恶心等。如果出现这些症状，应立即停止运动，到阴凉处休息，并补充水分。

总之，通过适当的体能训练和对高温环境的逐渐适应，登山者可以提高自己的耐热体质，减少在炎热的山区运动中的不适和风险。然而，预防仍然是关键，登山者能确保在高温环境中采取适当的措施来保护自己的健康和安全。

1.3 登山体能及其训练方法

在前面的讨论中，我们强调了如何通过正确的步行、饮食和饮水来预防疲劳。这些技巧在一定程度上依赖于基础体能。实际上，具备良好体能的人可以在登山过程中更轻松地前行，甚至在不过多关注这些技巧的情况下也能取得出色的表现。

适当的体能训练能有效预防登山中常见的问题，如抽筋、肌肉疼痛、僵硬的肩膀、膝关节疼痛和腰痛。通过强化体能，我们可以更好地应对登山过程中可能出现的各种情况，因此可以将它视为登山运动的一种"特效药"。

简而言之，体能训练不仅有助于预防疲劳，还可以增强身体的适应能力，提高人们在登山中的表现，让人们更好地享受这项运动。

1.3.1 登山必须具备的体能

20世纪60年代，有学者收集登山者的身体形态与体能数据，并将其与普通学生和奥运会运动员进行对比。结果显示，与一般学生相比，登山者的体能稍微优越一些，但与奥运会运动员相比，除了背肌力差距不大外，其他方面的体能表现都有很大差距。这些数据表明登山者的体能水平并不特别高，说明了许多登山者在实际训练中可能忽视了体能的重要性，不太进行相关的体能训练。实际上，登山运动与平地运动有很大的不同，所需的体能也各不相同，因此，仅仅将登山者的体能与专业运动员相比较并下结论是不公平的。

举例来说，研究数据可能显示登山者的爆发力（如垂直跳跃）比田径或排球运动员低，敏捷性（如反复横跳）也不如足球或篮球运动员。然而，这并不代表登山者在登山运动中的体能较差。实际上，登山所需的体能是一种特殊的体能，通常被称为"登山体能"。因此，即使在一些传统运动项目中具备与平地运动员相似的体能的运动员，也不一定能够胜任登山运动，因为这需要特定的技能和适应力。

综上所述，对于登山者的体能评估应更全面，不能简单地将其与其他运动员相比较，因为登山所需的体能是独特的，需要在山地环境中发挥作用。

1.3.2 登山是"次最大运动"

登山运动与其他运动相比，在体能要求上有着显著的差异。下面我们将体能构成要素分为速度、力量（肌力）、耐力三个方面来进行分析。

速度：登山是一种徒步行进的运动，通常需要穿越坡道和崎岖地形，速度较慢。如果我们以1分钟内迈出的步数（或跑步步数）来衡量，登山运动（约60步）的速度大约是短跑（约250步）的四分之一以下、马拉松（约200步）的三分之一以下，或步行（约120步）的二分之一。因此，在登山运动中，速度方面的能力并不是关键。

力量：登山者需要在登山过程中背着背包穿越坡道，因此，一定程度的肌力是必要的。一项研究中，登山者在攀登陡峭的14度坡道时，背着30千克的背包，仅发挥了他们最大肌力的50%。因此，登山运动并不需要极大的肌力。

耐力：登山运动的特点是活动时间较长，有时会持续数天，因此，耐力是至关重要的。但在登山时，登山者通常只发挥了其50%～60%的耐力，相比之下，马拉松运动员在比赛中可以发挥80%左右的耐力。尽管如此，耐力仍然是登山运动中一个重要的体能要素。

综上所述，登山运动需要一定的肌力和耐力，对速度方面的要求较低。登山运动的特殊之处在于，尽管需要肌力和耐力，但也要在不断变化的山地环境中保持平衡和敏捷。因此，我们可以将登山运动描述为一种"次最大运动"，这与其他运动项目中的"最大运动"相对应。在"最大运动"中，运动员通常会在比赛结束时完全耗尽体能，几乎没有剩余。而在登山运动中，尽管需要体力，但登山者通常会在比赛结束时保留一些能量，以适应不同的山地条件。

登山运动与其他运动在性质上存在显著差异。登山主要是徒步行进的活动，因此对特殊的体能要求相对较低。这也解释了为什么登山者在接受体能测试时通常不会取得出色的成绩，因为这些测试通常用于测量在"最大运动"中的表现能力。在许多其他体育项目中，速度通常是关键要素，而速度受到遗传因素和训练的影响较大。但在登山中，速度并不是关键，即使你不具备运动天赋或灵活的神经系统，仍然可以享受并有机会在登山运动中进步。事实上，有很多出色的登山者并不擅长其他体育项目，这就是证明。

登山被归类为"次最大运动"，这意味着只要你具备一定程度的体能，无论年龄、性别如何，都可以尝试。与此相反，由于登山是"次最大运动"，因此年龄对体能的影响较小。这意味着即使是中老年人也可以享受登山运动，并通过训练保持高水平的体能。实际上，有很多四五十岁的登山爱好者在登山界保持活跃，这就是最好的证明。

此外，女性的体能通常相对较低，这在进行"最大运动"的运动项目中可能会使她们难以赢过男性。但在登山这种"次最大运动"中，性别差异会减小。在高海拔登山或自由攀岩等领域中，我们常常看到女性表现出色，不亚于男性。因此，登山是一项无论年龄、性别，还是运动能力如何，都可以尝试的运动，这是其最大的优点。然而，正因为"几乎任何人都可以尝试"的性质，人们对登山的体能训练认识相对较低。

相比之下，那些属于"最大运动"的体育项目，由于体能和运动表现直接相关，因此体能的重要性更加明显。如果将登山转化为一种在有限距离内追求速度的比赛形式（最大运动），人们可能会更加明确地认识到体能的关键性。接下来，我们将更详细地讨论登山中最重要的两个体能要素，即"肌力"和"耐力"。

1.3.3 登山运动的肌力解析

肌肉在登山运动中发挥重要功能，人体拥有超过600块肌肉，但在登山运动中使用的肌肉有哪些呢？虽然量化表示各部位肌肉的重要程度目前仍有困难，但以下列出的肌肉在登山运动中扮演着重要的角色。

1.3.3.1 腿部的肌肉

在登山中，腿部肌肉起着至关重要的作用。特别值得注意的是股四头肌，它是腿部肌肉中最为重要的一部分。在平地行走或跑步时，股四头肌的使用相对较少，但当登山时，特别是在上坡行进时，股四头肌的贡献就显著增加。这也是为什么一些人能够在平地上走很长时间，但在登山运动中却感到困难的原因之一。强化股四头肌可以帮助人们更轻松地登山，减轻疲劳。此外，股四头肌的强化还有助于提高平衡能力。它可以帮助身体在失去平衡时迅速恢复姿势，减少抽筋和肌肉疼痛的发生，为身体带来各种好处。同时，它还可以提高保护膝关节的能力，有助于预防和改善膝关节疼痛。

另一个重要的腿部肌肉是腓肠肌。在一般的山道上行走时，脚掌通常整体着地，因此腓肠肌的使用较少。然而，在多岩石的山区或山谷中行进时，你需要更多地使用前脚掌，这会增加腓肠肌的负担。对于新手来说，不太擅长以整个脚掌着地的方式行走，因此容易导致腓肠肌负担过重，可能引发抽筋。

胫骨前肌在登山中也扮演重要角色，它允许你在上坡时提起脚尖，避免绊倒在树根或岩石上。如果这块肌肉相对较弱，在极度疲劳时可能无法有效提起脚尖，增加了跌倒的风险。

因此，在登山中，股四头肌、腓肠肌和胫骨前肌都是至关重要的肌肉，通过适当的肌肉训练和体能训练，可以强化这些肌肉，提高登山的运动表现并减少潜在的风险。

1.3.3.2 躯干的肌肉

在登山运动中，核心区肌肉，如腹肌和竖脊肌，扮演着至关重要的角色。这些肌肉也被称为"姿势维持肌肉"，因为它们位于脊椎的前后，起到保持脊椎挺直的作用。在登山运动中，身体需要背负重物，如果这些核心区肌肉太弱，身体就无法承受背包的重量，从而无法保持正确的姿势，导致容易感到疲劳，同时也会影响平衡，增加跌倒的风险。

这些核心区肌肉与腰痛问题密切相关。竖脊肌在日常生活中常常能得到锻炼，因此通常不会太弱。但腹肌不同，如果不进行训练，腹肌的力量会迅速减弱。一旦腹肌力量减弱，对腹腔的控制就会下降，腹部可能会突出，导致脊椎过度弯曲，这可能引发腰痛或椎间盘突出问题。如果腹肌较弱，而背部肌肉相对较强，腹侧和背侧肌肉的力量失衡也可能导致腰痛。

激烈的登山运动最容易导致这种类型的腰痛，登山运动会增强背部肌肉，而腹部肌肉的力量没有得到同等锻炼。如果发现存在这种情况，最好在平地上进行腹肌锻炼，以平衡前后核心区肌肉的力量。此外，腹肌力量不仅影响动作的准确性，在呼吸和排便等方面也起着重要作用。因此，在登山运动之外，保持核心区肌肉的健康对整体健康和体能至关重要。

1.3.3.3 上半身的肌肉

在登山运动中，上半身的肌肉同样扮演着关键角色。特别是胸大肌和斜方肌等肌肉在承受背负重物方面非常重要。如果这些肌肉力量不足，就无法应对背包的重量，导致背包向后拉扯，增加脊椎的负担，可能引发肩膀和背部的问题，如麻痹感。尽管现代登山背包相对以前有了很多改进，例如加宽的背带、腰带和胸带等，可以减轻脊柱的负担，但仍然需要一定的肌肉力量来支持和平衡重量。

综合而言，登山运动中，全身各部位的肌肉都发挥着重要作用，不仅是腿部的肌肉，还包括核心区肌肉和上半身肌肉。登山者需要全身的肌肉力量和协调性，以应对不同地形的挑战，确保能够稳定、有效地行进和承受背包的重量。这也凸显了体能训练在登山运动中的重要性，以保持身体在各种条件下的适应性。

1.3.4　登山运动的耐力解析

为了保持肌肉的持续工作，我们需要不断产生能量，而这种能量是通过氧化肌肉中的营养素来产生的。我们可以将这个过程想象成是一辆汽车的引擎，只要有足够的燃料供应，引擎就可以持续运转。在我们的身体中，肌肉也需要定期获得足够的营养来继续工作。

耐力是一个关键因素，它决定了我们的肌肉可以持续工作多久。耐力的好坏与我们的呼吸循环系统和肌肉内部氧气利用能力密切相关。呼吸循环系统包括肺、心脏、血管和血液，它们负责将氧气输送到肌肉，以供其使用。同时，肌肉内部的氧气利用能力决定了肌肉能够有效地使用氧气来产生能量的能力（图1-18）。

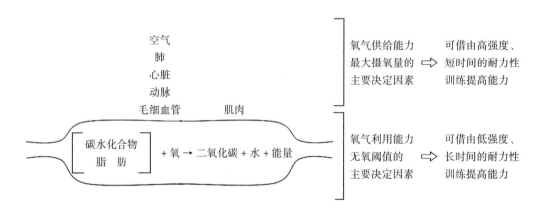

图1-18　人体肌肉利用氧气产生能量的示意图

这两个关键能力可以通过两个主要指标来衡量：最大摄氧量和无氧阈值。最大摄氧量表示我们的身体在最大努力下摄取氧气的能力，它是呼吸循环系统的一个重要指标。而无氧阈值表示在高强度运动中，我们的身体开始依赖无氧代谢来产生能量的阈值。这两个指标一起决定了我们的耐力水平，对于登山等需要长时间持续努力的运动尤为重要。因此，通过训练和改善这些能力，我们可以提高自己的耐力，从而更好地应对体力挑战。

1.3.4.1 最大摄氧量（VO$_{2max}$）

1.最大摄氧量定义

最大摄氧量（VO$_{2max}$）是人体在最大负荷下，每分钟最多摄取和利用氧气的能力的度量。这个指标在评估人体有氧代谢能力以及耐力水平时非常重要，特别适用于需要长时间持续努力的活动，比如登山。

我们可以把最大摄氧量想象成一辆汽车引擎的排气量。排气量越大，引擎可以产生更多的动力，车辆可以以更高的速度运行。在人体中，最大摄氧量代表了每分钟摄入氧气并将其用于产生能量的最大能力。这是通过将氧气与营养素结合来产生能量的生理过程的一个关键指标。

最大摄氧量通常以每千克体重对应的相对值来表示，即每千克体重每分钟摄氧量的毫升数。一般来说，男性的每千克体重每分钟最大摄氧量约为40毫升。通过持久性训练，这个数值可以显著提高，顶级运动员的最大摄氧量可能达到普通人的两倍，即80毫升/千克·分钟。这意味着在相同时间内，他们的身体可以产生更多的能量，因此，在运动中可以保持更高的速度和更长的持续时间。

需要注意的是，最大摄氧量不是越大越好。与汽车一样，如果车身过重，引擎的排气量再大也无法提高速度。因此，除了最大摄氧量，体重和体质也是影响体能和耐力的因素。通过训练和合理的体重管理，人们可以提高自己的最大摄氧量，从而在登山等运动中表现更出色。

2.最大摄氧量与登山运动能力

最大摄氧量（VO$_{2max}$）在许多体育项目中都与运动表现和成功相关。虽然登山不是竞技比赛，但在某些山地越野比赛中，时间可能用来判定胜负，因此，最大摄氧量可以对登山能力产生影响。图1-19展示了高海拔登山成功率与最大摄氧量之间的关系。结果显示，最大摄氧量较高（通常在4或5附近）的人，高海拔登山成功的概率较高。相比之下，最大摄氧量较低（通常在3以下）的人，高海拔登山成功率显著下降，而最大摄氧量仅为1的人几乎没有成功的机会。这表明，在像高海拔登山这样极具挑战性的登山运动中，体能水平对成功与否具有显著影响。

此外，最大摄氧量与免疫系统的功能也存在关联。那些最大摄氧量较低的人可能对低温、低氧气环境的适应能力较差，其免疫系统也可能相对脆弱，更容易感染感冒等疾病。此外，有研究表明，较低的最大摄氧量可能与慢性疾病的发生风险增加相关。

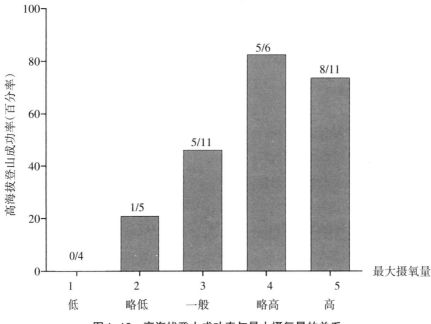

图1-19　高海拔登山成功率与最大摄氧量的关系

最大摄氧量在多个层面上都是一个重要的生命指标，它反映了个体的生命力和身体健康。在登山中，拥有较高的最大摄氧量可以提高在高海拔、低氧气环境下的表现，增强身体抵抗力，减少疲劳，并提高成功的机会。对于登山者来说，通过训练和提高最大摄氧量，可以在登山运动中更好地表现和保护身体健康。

3.最大摄氧量的目标值

研究表明，大多数男性登山者的最大摄氧量约为50毫升/千克·分钟。那么，这个数值相当于什么水平呢？根据Oelz等人的研究，欧洲一流的高海拔登山者的最大摄氧量数值相当于最高级别的"超级（super）"。对于那些追求正式登山运动的人来说，最大摄氧量至少应达到"非常出色（very good）"。

虽然最大摄氧量约为50毫升/千克·分钟的数值相对于一般人来说较高，但是与其他耐力性运动选手的数值（通常在60~80毫升/千克·分钟）相比并不算很高。登山运动属于"次最大运动"，不需要极端高的最大摄氧量。50毫升/千克·分钟左右的最大摄氧量是通过持久性训练可以达到的数值。只要初学者付出一定的努力，就能够训练出适合登山运动所需的高水平体能。对于女性而言，40毫升/千克·分钟左右的最大摄氧量可以作为一个合理的目标值。

1.3.4.2 无氧阈值

无氧阈值（anaerobic threshold，AT）是指在进行有氧运动时，肌肉组织中的乳酸开始积累的关键点。当进行低强度运动时，人体能够有效地将乳酸输送到肝脏和肌肉组织中，通过氧化代谢产生能量。当运动强度增加时，肌肉组织需要更多的能量，而氧气供应却无法满足需求，这时乳酸开始在肌肉中积聚。无氧阈值是指乳酸开始积聚时的运动强度，通常通过监测心率、血乳酸浓度等指标来评估。通过训练提高无氧阈值，可以延缓乳酸积聚，减轻肌肉疲劳，从而提高有氧运动的能力。

在进行最大摄氧量强度的运动时，人体通常只能维持大约10分钟，因为乳酸会快速积聚，导致肌肉疲劳。虽然最大摄氧量是测量全身耐力的最佳指标，但是这种运动通常不能持续很长时间。相反，像马拉松、越野滑雪、铁人三项等需要持续数小时的运动，其运动强度通常较低，接近于乳酸积聚前的阈值，也就是无氧阈值。因此，在这些耐力型比赛中，与无氧阈值的关系比与最大摄氧量更密切。

一般人的无氧阈值通常约为其最大摄氧量的50%～60%，但通过持久性训练的人可以将无氧阈值提高至70%～80%。这意味着通过训练，人们能够更有效地利用最大摄氧量，使最大摄氧量在长时间运动中能够更有效地发挥作用。

图1-20展示了最大摄氧量与无氧阈值的关系。最大摄氧量较高的人（图中的②）通常具有较高的无氧阈值，而最大摄氧量较低的人（图中的①）通常具有较低的无氧阈值。然而，在最大摄氧量相同的情况下（图中的③和④），经过更多积累性训练的人会具有较高的无氧阈值（图中的④）。对于像马拉松、越野滑雪等需要长时间耐力的运动员来说，他们通常具有高水平的最大摄氧量和无氧阈值（图中的④）。优秀的登山者通常属于图中的③类型，但最理想的情况是达到图中的④类型。

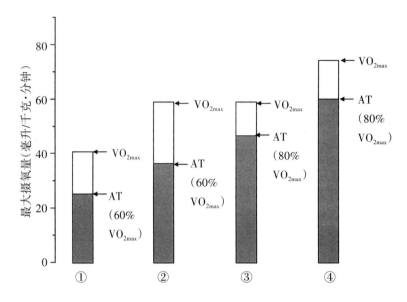

图1-20　最大摄氧量与无氧阈值的关系

1.3.5　登山体能的训练方式选择

训练方式的选择在很大程度上取决于个体的目标、可用时间和资源，以及运动的特点。对于登山运动来说，大部分的训练应该在山地进行，因为山地环境与实际登山情况更为相符，但平地训练也有其重要性和价值。以下是关于训练方式的一些建议。

首先，山地训练是最接近实际登山情况的方式，可以提高登山者的山地适应性和技能。在山地训练中，登山者可以练习攀登、导航、穿越不同地形和高度等方面的技能。山地训练是提高登山体能和技能的关键，因此，登山者应该尽量多地在山地进行实际登山活动。这有助于登山者逐渐适应高海拔环境，提高耐力和协调能力。

其次，平地训练可以用来补充山地训练，重点是提高登山者的基础体能和力量。这包括有氧训练（如跑步、游泳、自行车）和肌力训练（如举重、核心锻炼）。平地训练对于提高心肺功能、增强肌肉力量和改善体能至关重要，特别是对于提高最大摄氧量、无氧阈值和耐力等指标非常有效。平地训练可以帮助登山者更好地应对长途徒步、攀登和高海拔登山等不同登山情境。

再次，最有效的训练方法通常是综合平地训练和山地训练。这样可以全面提高身体的适应性、力量和耐力，同时保持技能的锻炼。制订综合的训练计划，将山地训练和平地训练相结合，通过定期在山地进行实际登山训练，同时在平地进行跑步、游泳、肌力等训练方式来实现。制订计划时应考虑个体的目标和时间安排。

总之，登山者需要综合考虑山地训练和平地训练，以全面提高他们的身体适应性、技能和体能。不同类型的训练可以相辅相成，帮助登山者更好地准备登山挑战。

1.3.5.1 平地辅助补强训练

登山训练中平地的辅助补强训练非常重要，这是因为登山运动本身需要大量的时间和资源，它不是每天都可以进行的运动。因此，平地辅助补强训练在提高登山者的体能方面起到了关键作用。以下是一些关于平地辅助补强训练在登山训练中的重要作用：

1.提高基础体能

平地的有氧训练（如跑步、游泳、自行车骑行）可以有效提高心肺功能，增加最大摄氧量和无氧阈值。这些都是登山运动中需要的重要能力，因此，平地训练对于提高基础体能非常重要。

2.增强肌肉力量

平地的肌力训练有助于增强身体的核心肌群、腿部和上半身的力量，这对于攀爬、提重物和保持平衡都非常重要。登山往往需要爬升和下降，肌肉力量在这些方面发挥了关键作用。

3.改善耐力

平地训练可以帮助登山者改善长时间的耐力，这对于长途徒步和高山攀登非常关键。有氧训练可以延缓肌肉疲劳，使登山者能够在更长的时间内保持高强度运动。

通过提高身体的基础体能和力量，登山者可以减轻在登山中的负荷。这意味着他们可以更轻松地承受背包的重量，提高登山的舒适度和安全性。由于登山机会有限，平地辅助补强训练有助于保持登山者的训练状态，即使不能每周都去登山，他们仍然可以通过平地辅助补强训练保持身体的适应性和准备度。

综上所述，平地辅助补强训练对于登山者来说至关重要，可以提高他们的体能、力量和耐力，以便更好地应对登山挑战。建议登山者制订全面的训练计划，将山地训练和平地训练相结合，以实现最佳的训练效果。

1.3.5.2 登山体能训练的专门性原则

专门性原则是在训练中非常重要的概念，特别是对于登山者这样需要特定体能和技能的运动。这一原则强调了训练项目的选择应与目标运动尽可能契合，以获得最大的训练效果。下面是一些关于专门性原则的进一步解释和建议：

1.选择与登山相关的运动项目

在平地进行训练时，登山者应优先选择与登山相关的运动项目，包括跑步、爬楼梯、徒步、上下坡训练等，这些活动可以模拟登山的运动模式和要求。这样的训练可以更直接地提高登山者所需的体能和技能。

2.综合性训练

虽然专门性原则强调了与目标运动相关的训练，但是综合性训练也很重要。登山是多维度的运动，需要耐力、力量、灵活性和平衡力等多种能力。因此，综合性训练，如全身肌肉的力量训练和核心稳定性练习也应包括在内。

3.根据个人需求进行选择

不同的登山者可能需要不同类型的专门性训练，这取决于他们的目标、体能水平和个人需求。例如，高山攀登者可能更侧重高强度的有氧训练，而徒步登山者可能更需要长时间的耐力训练。因此，训练计划应根据个体情况进行调整。

4.周期性变化

专门性原则并不意味着一成不变。在训练计划中，周期性地变化训练项目和强度可以帮助登山者防止训练过度和提高身体的适应性。这可以包括定期引入新的训练元素，如交替使用跑步和游泳，或周期性地增加训练的强度和持续时间。

5.持续学习

登山者应不断学习和研究有关登山训练的最新信息和方法，了解如何将专门性原则应用到自己的训练中，以及如何制订最有效的训练计划是非常重要的。

总之，专门性原则对于登山者来说至关重要，可以确保他们的训练更有针对性和效果。同时登山者也应考虑综合性训练，以确保身体各方面的能力都得到充分发展。在训练中保持灵活性，并根据个人需求进行调整，将有助于提高登山者的体能和技能。

1.3.5.3 强化下山能力的重要性

下山能力的训练在登山中确实至关重要，因为下山时对身体的冲击和对肌肉的要求通常较大。以下是一些关于下山能力训练的补充信息和建议：

1.楼梯训练

楼梯训练是锻炼下山能力的有效方式，因为它模拟了下山的情况。训练时，逐渐增加上下楼梯的阶数和速度，以增强腿部肌肉力量和耐力；确保在进行楼梯训练时使用正确的姿势，以避免受伤。

2.逐渐增加负荷

在楼梯训练中，训练者可以逐渐增加负荷，例如背负重物或背包。这可以模拟登山者在下山时携带背包的情况，有助于提高登山者下山的肌肉力量。

3.间歇训练

交替上下楼梯是一种有效的训练方法，称为间歇训练。这种训练可以提高心肺功能和肌肉耐力，模拟登山中上下山的情况。

4.下山模拟

尽量模拟下山的情况，如果附近有山坡，可以在穿着登山鞋的情况下下山。这有助于练习在不同地形和环境下下山的技巧。

5.身体柔韧性

除了力量和耐力，柔韧性也是下山时的重要因素。进行伸展和柔韧性训练，以减少肌肉疲劳和不适。

总之，下山能力训练对于登山者非常关键，可以提高登山者在登山过程中的安全性和效率。虽然楼梯训练是一种简单而有效的方法，但综合性训练也很重要，以确保全身各个方面的能力都能得到提高。此外，训练时注意安全和逐渐增加训练强度是非常重要的。

1.3.6　登山体能的训练方法

前面我们已经讨论了训练的基本概念。现在，我们将详细介绍五个方面的具体训练方法，包括耐力、肌力、柔韧性、平衡性以及防卫体力。需要注意的是，这些方法只是众多训练方式的一小部分。了解这些基础概念后，我们可以根据自己的需求和情况选择最适合自己的方法。

1.3.6.1　耐力训练

耐力训练是有计划、有规律的身体活动，旨在逐渐提升身体对长时间的、持续的有氧代谢负荷的适应能力。这种训练主要侧重于改善心肺系统和肌肉系统，其主要目标是增强耐力、持久力和心肺功能，以使身体更好地适应长时间和高强度的体力活动。在登山训练中，耐力训练被视为提高登山能力和整体体能的关键方法之一。

1.耐力训练的三要素

耐力训练有三个关键要素，包括强度、时间和频率。这些要素适用于步行、跑步、游泳、自行车骑行、上下楼梯等不同的训练方法，这些方法被称为提高最大摄氧量（VO_{2max}）和无氧阈值（AT）的方式。以下是这三个要素的详细解释：

（1）强度：强度指的是运动的难度和强度水平，可以用不同方式来衡量，如心率、速度、负荷等。较高的强度会对身体构成更大的挑战，但需要注意避免过度负荷，以免导致受伤或极度疲劳。

（2）时间：时间表示每次运动的持续时间，即运动的时长。时间太短可能无法实现充分的训练效果，而时间过长则可能对身体造成过度负荷。此外，每个人的身体状况和训练目标也会影响适宜的训练时间。

（3）频率：频率是指进行运动的次数和周期，即每周需要进行多少次训练。频率过低可能难以获得足够的效果，而过高可能导致过度疲劳和受伤风险增加。

这三个训练要素相互关联，只有合理地调整它们才可以帮助人们更好地适应运动负荷，并提高运动效果。具体的数值应根据每个人的身体状况和训练目标来进行个性化调整。

2.最大摄氧量的训练

最大摄氧量训练是一种用于提高身体耐力和氧化代谢能力的训练方法。进行最大摄氧量训练时，需要综合考虑三个负荷条件，即训练的强度、时间和频率。这些负荷条件的标准已经有一定的基础，如表1-5所示。

表1-5　提高最大摄氧量的条件

1	强度	最大摄氧量的50%～80%，或最大心率的65%～85%
2	时间	15～60分钟/天
3	频率	3～5次/周

举例来说，一个30岁的人的目标心率范围为124～162次/分钟，这个范围内的心率将用于训练的强度。对于体能较差的新手来说，建议开始时选择较低的负荷条件，如较低的强度、较短的时间和较少的频率；而对于体能较强或有经验的人，可以逐渐增加负荷条件。此外，训练方式可以选择持续训练或间歇训练，这取决于个人的健康状况和训练目标。间歇训练是指断断续续地进行运动，适合体能较差的人，但也可以是对体能较强者有效的方式。在特殊地形如起伏坡道、上下台阶的训练中，或者通过在高强度间歇训练中穿插休息，可以同时提高最大摄氧量和无氧阈值的能力，增强身体的整体耐力。

3.无氧阈值的训练

提高无氧阈值的训练条件并不像提高最大摄氧量那样明确。虽然两者之间存在关联，但也存在一个明显的区别，即在强度和时间的重要性方面有所不同。在提高最大摄氧量方面，强度相对更为重要，而在提高无氧阈值方面，则是时间更为关键。

要提高无氧阈值，最佳的方法是进行长时间的运动，通常需要持续1～2小时甚至更长时间，运动强度应接近或略低于无氧阈值本身。这种强度下，心肺系统不会感到过度负担，因此可以持续相对较长的时间。一般来说，一般人的无氧阈值大约等于其最大摄氧量的50%～60%。例如，长跑运动员通常采用低强度、长时间的训练方式，被称为LSD（长时间慢速跑）训练。而登山本身就是一种以接近无氧阈值的强度进行长时间运动的方式，因此，登山本身就是提高无氧阈值的一种出色方式。

在登山运动中，最大摄氧量和无氧阈值都非常重要，在制订锻炼计划时应综合考虑这两个因素。最佳做法是交替进行数十分钟的高强度运动（以提高最大摄氧量）和1～2小时左右的低强度运动（以提高无氧阈值），并坚持这种交替训练的方式。

4.训练量的合理安排

增强登山体能是一项关键任务，因为登山是一项典型的耐力运动，要求身体能够承受长时间的徒步攀登。为了提高登山体能，需要进行大量的训练，但同时也必须谨慎，以免过度训练导致身体疲劳和不适。每天至少进行15分钟的运动有助于提高最大摄氧量，但仅仅依靠这种短时间的训练是远远不够的，实际登山需要进行多小时的徒步行走，因此需要经常性的训练，以适应登山的身体要求。

有趣的是，一项研究发现，中老年人在长时间的徒步行走中的表现可以超过年轻的长跑运动员。尽管长跑运动员在一小时内的持久跑方面表现更为出色，但在长时间的步行中，运动耐力和身体对不利因素的适应能力同样至关重要。这些能力需要通过经常进行登山活动来培养和提高，因此，登山者需要定期参与登山活动，以增强自己的登山体能。

总的来说，要提高登山体能，需要进行充分的训练，但也要注意避免过度训练。每天至少进行15分钟的运动可以提高最大摄氧量，但为了培养长时间徒步行走的运动耐力和身体对不利因素的适应能力，登山者需要定期进行登山活动。

1.3.6.2 肌力（力量）训练

登山肌力训练是一种练习和训练的过程，旨在增强身体肌肉的力量、耐力、爆发力和协调性，以提高登山所需的体能和肌肉适应能力。其目标是协助登山者在攀登、爬坡、负重等各种登山环境中，保持出色的体力状态和足够的体力储备，同时减少受伤和疲劳的风险。登山肌力训练的内容包括肌肉力量和耐力训练、核心稳定性训练、平衡和协调性训练、灵活性和伸展性训练等。在进行肌力训练时，应根据个人的身体状况和实际登山需求，合理规划训练计划和训练强度，并注重逐步适应和调整，以避免过度训练和受伤的情况发生。

1.肌力训练的意义

肌力训练不仅适用于需要爆发力的运动员，也在从事持久性运动，如马拉松运动员中得到广泛应用。登山同样如此。通过肌力训练，可以提高力量、速度和耐力，减轻疲劳，稳定技术，预防和改善各种障碍，如图1-21所示。

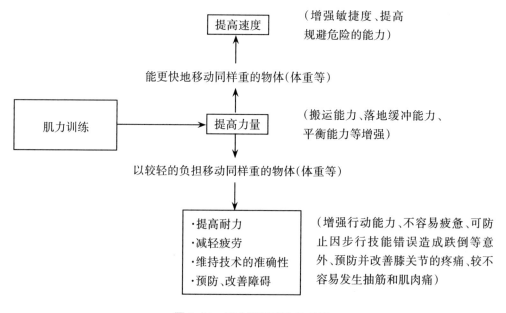

图1-21 肌力训练产生的效果

2.肌力训练方法

对登山者来说，肌力训练至关重要。尽管进行正式的肌力训练，如使用杠铃、哑铃或训练设备，可以提高肌力，但在登山运动中，主要以克服自身体重进行徒步行进，所以能够以自身体重作为负荷进行力量训练就足够了。前文已经阐述了登山运动所需的主要肌肉群，以下是一些具体的训练方法：

（1）半蹲：半蹲是一种经典的下肢肌肉训练方法。它可以增强大腿的肌肉力量，包括股四头肌和腿部肌肉。在进行半蹲时，身体站直，然后慢慢弯曲双膝，使大腿与地面平行或稍微低于平行，然后缓慢恢复站立姿势。可以使用杠铃或哑铃来增加训练强度。

（2）提踵：提踵有助于强化小腿的肌肉，特别是腓肠肌。身体站立，慢慢抬高脚跟，然后再放下。可以站在平地上，也可以使用登山杖来增加挑战。

（3）仰卧卷腹：仰卧卷腹可以强化腹肌。平躺在地板上，将双腿抬起，然后缓慢降低，但不要让腿触碰地面。这有助于提高腹部稳定性。

（4）俯卧撑：俯卧撑是一个出色的上肢肌肉训练方法，可以锻炼胸大肌、肱三头肌和前臂肌肉。可以在地板上进行传统的俯卧撑，也可以使用登山杖来增加挑战。

（5）提肩：提肩有助于强化肩部的斜方肌。手臂自然下垂，然后将肩膀抬高，再放下。可以使用哑铃或其他重物，这有助于减轻背包负重时的肩部不适。

（6）登山绳索训练：如果有机会，可以进行登山绳索训练。攀爬绳索需要全身力量，特别是上肢和核心肌肉。这种训练方式模拟了登山中攀爬陡峭部分的情况。

（7）核心稳定性训练：强化核心肌肉，如腹肌和腰部肌肉，对于维持平衡和稳定性非常重要。可以进行各种腹部和背部的核心训练，如平板支撑、侧平板支撑等。

这些训练方法可以根据个人的体能水平和实际登山需求来合理安排和调整。定期进行肌肉力量训练可以提高登山体能，减轻疲劳，并降低受伤风险。

3.肌力训练负荷与次数

肌力训练的负荷与次数对于登山者非常重要。以下是相关原则和建议：

（1）负荷选择：负荷是指在进行肌力训练时所使用的重量或阻力。通常，登山者不需要过于强大的肌肉，可以选择适度的负荷。建议采用10~15RM的负荷，即每组练习时能够进行10到15次重复动作，直到感到疲劳。这个负荷水平可以帮助增强肌肉而不至于使其过于肥大。

（2）组数和频率：通常，每天进行3组肌力训练是有效的。每周进行2到3次肌力训练可以确保足够的休息和恢复时间。这样的频率可以逐渐增加肌肉力量。

（3）逐渐增加负荷：当能够轻松完成一组10～15RM的负荷时，可以考虑逐渐增加负荷。这可以通过增加重量、改变动作的难度或使用不同的训练设备来实现。确保逐渐提高负荷，以维持肌肉的挑战性。

（4）肌肉耐力培养：对于登山者，肌肉耐力同样重要。如果训练目标是培养肌肉耐力，可以采用较轻的负荷，如20～30RM，以增加每组的重复次数。这种训练方式有助于提高肌肉的持久力，适用于长时间的登山活动。

综上所述，肌力训练是登山者提高体能和减轻疲劳的重要组成部分。选择适当的负荷和训练频率，同时关注肌肉耐力的培养，将有助于提高登山能力和体能。

表1-6　进行肌力训练时，负荷和最大重复次数（RM）以及所产生的效果

负荷(%)	RM	效果	
100	1	通过提高神经系统的刺激能力来增加肌力	主要是提高肌力
90	3～6		
80	8～10	通过增加肌肉量来增加肌力	
70	12～15		
60	15～20	主要是提高肌肉耐力	
50	20～30		
30	50～60		

4.肌力训练的注意事项

进行肌力训练时，务必注意以下关键要点，以确保训练的效果和安全性：

（1）正确的姿势：确保在进行训练时使用正确的姿势，以避免可能的伤害。例如，在进行半蹲或仰卧起坐时，正确的姿势对于保护关键部位如腰部和膝盖至关重要。如果疲劳导致姿势不正确，应立即停止训练。

（2）缓慢的动作：肌力训练时，动作应该平稳缓慢，避免用力过猛或产生过多的反作用力。虽然某些运动可能需要较快的速度或更高的强度，但大多数肌力训练最好以缓慢的方式进行。

（3）重视离心收缩：肌力训练时，不要忽视离心收缩，即负功。肌肉在负功时同样重要，应注重这一部分的训练。例如，在半蹲训练中，慢慢下蹲的过程同样有益于肌肉锻炼，特别适合下山时所需的肌肉力量。

（4）正确的呼吸：在进行肌力训练时，保持正确的呼吸非常重要。通常建议在正功时呼气，在负功时吸气，以维持正常的血压和氧气供应。

（5）适度的负荷和次数：选择适合自己的负荷和重复次数进行训练至关重要。负荷过大可能导致受伤，而负荷过小则无法有效刺激肌肉，要找到适合自己的负荷平衡点。

（6）合理的休息时间：肌肉需要休息和恢复的时间，所以不要贪图一时的进展而忽略休息。在训练中，确保给肌肉足够的时间来修复和生长。

（7）饮食和水分：肌肉生长需要足够的营养和水分。确保摄取适当的饮食和水分，以支持肌肉生长和恢复。

（8）疼痛和不适：如果在训练中感到任何疼痛或不适，应该停止训练，等到身体完全康复后再继续。如果不适持续存在，务必咨询医生或专业教练的意见。

（9）适度的进阶：适度地逐步增加负荷和重复次数有助于肌肉适应和提高效果。确保进阶的幅度适中，以避免过度负担。

总之，正确的肌力训练对于登山者非常关键。通过遵循这些注意事项，就可以确保训练安全有效，提高体能，减轻疲劳，并为登山活动做好充分准备。

1.3.6.3 柔韧性训练

柔韧性是指身体关节在一定范围内能够自由活动的能力。柔韧性训练旨在通过特定的锻炼方法增强身体的柔韧性，以提高个体的整体健康水平和运动能力。

身体缺乏足够的柔韧性可能导致动作僵硬、能量浪费、容易疲劳，甚至可能引发肌肉、肌腱和关节问题。举例来说，登山者如果腰背部和大腿缺乏柔韧性，可能会面临腰痛和膝关节疼痛的风险。柔韧性通常会随着年龄的增长而减少，在成长过程中也可能会短期降低。人们运动时身体缺乏柔韧性可能会导致运动损伤，因此，在从事任何形式的运动时，都应特别关注身体的柔韧性。

过去，提高身体的柔韧性主要通过拉伸目标部位来实现，例如做体前屈运动。虽然这些方法有效，但可能存在损伤身体的风险。因此，现代趋势是采用拉伸运动，即将目标部位缓慢拉直，并在达到舒适的伸展感觉时保持静止。拉伸运动更加安全，已经成为提高身体柔韧性的主要方法之一。

拉伸运动不仅可以提高身体的灵活性，还有多种益处。人们在运动前或运动中进行伸展运动可以使身体更顺畅地完成活动,减少疲劳感。此外,它还有助于预防肌肉、肌腱和关节问题,以及减轻肌肉痉挛和肌肉疼痛。在日常生活中,伸展运动也有助于预防或改善腰痛、膝关节问题、肩膀僵硬等情况,同时有助于身心放松。

因此,不仅在登山运动前后或休息时进行拉伸运动,还可以将其作为平时的热身和恢复活动。无论是否从事体育运动,柔韧性训练都应该在日常生活中得到充分重视和实践。以下是一些提高身体柔韧性的方法:

1.拉伸训练

通过静态和动态的拉伸训练,促进身体各部位肌肉和组织的伸展和舒展,以增强身体的柔韧性。

2.瑜伽训练

瑜伽是一种受欢迎的柔韧性训练方法,通过各种体式和呼吸方法来提高身体的柔韧性和平衡能力。

3.柔性体操训练

柔性体操通过卷曲、旋转、倒立、平衡等动作来增强身体的柔韧性。

4.功能性训练

通过一系列功能性动作来增强核心稳定性和关节灵活性,以提高身体的柔韧性和运动能力。

5.热身和冷却运动

适当的热身运动可以预防运动受伤,适当的冷却运动可以减轻肌肉酸痛并恢复身体的柔韧性。

总之,柔韧性训练对于身体健康和运动能力至关重要,应该在日常生活和运动训练中得到充分的关注和实践。

1.3.6.4 平衡性训练

平衡性指的是在保持静态或动态姿势时,身体能够保持稳定的能力。平衡性是整体运动能力的基础,对于身体协调性和姿势控制至关重要。在登山运动中,平衡性训练尤为重要,因为缺乏平衡能力可能导致摔倒和意外受伤等问题。平衡性能力受到年龄、疾病、受伤、药物等因素的影响。平衡性的机制涉及多个感官系统的协调作用,包括视觉、内耳、肌肉骨骼、神经系统和脑部控制等。平衡性训练可以促进这些系统之间的协调,提高身体的稳定性和协调性。

平衡性训练方法可以分为静态平衡训练和动态平衡训练。静态平衡训练是指在不动的状态下保持身体平衡，例如单脚站立或双脚并拢站立。动态平衡训练则是指在运动状态下保持身体平衡，例如走路、跑步、跳跃、转身等。一些常见的平衡性训练方法包括：

1.单脚站立

尝试在一只脚上站立，尽量保持身体平衡，可以逐渐增加难度，如闭上眼睛或将双手举起。

2.双脚并拢站立

双脚并拢站立，尽量保持身体平衡，也可以增加难度，如闭上眼睛或将双手举起。

3.步伐练习

进行不同步伐的练习，包括走路、跑步、后退、侧步等，这可以增强身体的平衡性和协调性。

4.动态平衡练习

例如站在一个脚尖上做深蹲、踮脚尖、单脚跳等动作，可以提高身体的平衡性和稳定性。

5.骑士平衡训练

通过在不平衡的表面上站立、跳跃、转身等动作，增强身体对不平衡状态的适应能力。

6.瑜伽和普拉提

这些运动通过调整身体的姿势、呼吸等方式，可以提高身体的平衡性和协调性。

在进行平衡性训练时，应根据个人的身体状况和能力选择适当的训练方法和强度，并确保避免受伤。

1.3.6.5 防卫体力训练

防卫体力训练在登山运动中具有重要性，因为登山往往在极端环境下进行，包括高温、低温、低氧、高湿度等不利因素。这种训练旨在提高身体对各种外界环境压力的抵抗能力，包括环境压力、生物压力、生理压力和心理压力。

关于防卫体力训练的原则，目前还有许多未解之谜，没有确立的具体训练方案。但已经有一些关于应对环境压力的研究成果，总结出以下几个原则：

1.特殊性原则

要提高对环境压力的抵抗力，最基本的方法是将身体置身于这些环境之中。例如，要增强对高温或低温的耐受力，就需要在相应的环境中训练。

2.交叉适应

即使没有直接在特定环境中训练，进行一般性的耐力运动也能改善抵抗环境压力的能力。例如，在正常温度下进行耐力训练可以提高对高温或低温的适应性，这称为交叉适应。

3.特殊性原则+交叉适应

结合特殊性原则和交叉适应可以获得最佳效果。例如，在炎热环境中进行轻度耐力训练比在常温环境下进行效果更好。这种综合训练可以包括在寒冷环境中进行耐力运动，以提高对低温的抵抗能力。

此外，防卫体力训练所需的适应时间较短。例如，适应高温通常需要大约10天的时间，而适应高海拔缺氧环境则需要约3周的时间。

最近的研究表明，适度的耐力训练可以增强抵抗生物压力的能力，提高免疫力，降低感染风险。然而，过度训练可能会产生相反效果，使免疫力下降，增加感染风险。因此，训练应该合理控制，避免过度。

总之，针对环境和生理压力，通过特定的体能训练和实际登山活动来提高抵抗力是有效的方法。对于心理压力，心理训练和管理也被纳入训练计划中，因为心理能力和身体能力一样，需要经过训练才能提高。

登山运动

在国家体育总局的积极倡导下，各地举办了许多具有影响力的登山活动，这些活动已经成为全国性登山传统和品牌。其中包括自2002年开始每年在全国各地举行的登山健身大会，以及自1996年起每年1月1日举行的全国新年登高健身活动等。这些活动的开展极大地激发了人们参与登山健身的热情，对于促进全民健身事业的深入发展，提高全民的身体素质，培养登山者积极向上的思想品质，树立人们热爱自然、保护环境的意识，以及推动社会主义精神文明建设等方面都起到了积极的推动作用。

登山体能就是健康的体能

登山体能训练不仅有助于提高登山运动的表现，还对维护和改善健康起到积极作用。与健康相关的四个体能要素，包括心肺耐力、肌力/肌耐力、柔软度和体脂肪率。下面是这些要素的测试方法。

心肺耐力：通过耐力训练可以改善心肺耐力。这包括有氧运动，如跑步、游泳、骑自行车等，可以提高心肺系统的健康，降低体脂肪率。

肌力/肌耐力：肌力训练可以提高肌肉的力量和耐力。这可以通过举重、俯卧撑、深蹲等力量训练来实现，同时也有助于控制体脂肪率。

柔软度：伸展运动可以提高身体的柔软度。这包括各种伸展和瑜伽练习，可以增强关节的灵活性，改善姿势，并减少肌肉紧张。

体脂肪率：适当的锻炼和健康饮食可以帮助控制体脂肪率。合理的体脂肪水平与健康密切相关。

总之，登山体能训练不仅有助于登山运动的表现，还可以维护和改善整体健康，尤其是对于那些以提升健康为目标的登山者来说，了解和实践这些体能要素的训练计划将非常有益。

最大摄氧量与无氧阈值的区别、联系以及评定方法

最大摄氧量（VO_{2max}）和无氧阈值（AT）是两个与身体耐力和运动能力相关的重要指标，它们反映了身体在不同运动强度下的代谢和表现。以下是它们的区别、联系以及评定方法：

（一）区别

1.基本概念

最大摄氧量（VO_{2max}）：指的是在最大负荷下，人体每分钟最多摄取和利用氧气的能力。它是衡量有氧代谢能力的指标，通常以毫升/千克·分钟（mL/kg·min）为单位。

无氧阈值（AT）：指在进行有氧运动时，肌肉组织中的乳酸开始积累的运动强度。它是有氧代谢和无氧代谢之间的过渡点，通常以运动强度或心率来表示。

2.测量单位

最大摄氧量以氧气摄入率的形式进行测量。

无氧阈值通常以运动强度（如最大心率或最大摄氧的百分比）来表示。

3.代谢过程

最大摄氧量主要反映身体有氧代谢的极限能力，即在充足氧气供应下进行高强度运动的能力。

无氧阈值反映了身体从有氧代谢向无氧代谢转变的临界点，这时乳酸开始积累，导致肌肉疲劳。

（二）联系

无氧阈值通常是最大摄氧量的一定百分比。在运动过程中，如果运动强度低于无氧阈值，身体主要依靠有氧代谢，乳酸积累较慢，身体可以长时间保持运动状态。而在运动强度超过无氧阈值之后，身体开始产生大量乳酸，导致肌肉疲劳，身体不能长时间保持高强度运动状态。

（三）评定方法

1.最大摄氧量（VO_{2max}）的评定

最常见的方法是进行呼吸气体分析。运动者通过进行逐渐增加负荷的有氧运动，在呼吸气体分析仪的监测下测量氧气摄入和二氧化碳排出，以计算最大摄氧量。也可以使用心率监测、运动测试仪器或者运动实验室进行评定。

2.无氧阈值（AT）的评定

无氧阈值的评定方法多种多样，包括使用心率监测、血乳酸浓度测量、运动测试仪器和生理学测试等。通过监测运动时的乳酸水平和心率，可以确定乳酸开始积累的临界点，即无氧阈值。

综上所述，最大摄氧量和无氧阈值是两个不同但相关的指标，它们在运动表现和训练中都具有重要意义。了解和评定这两个指标可以帮助运动者更好地理解和提高自己的身体耐力和运动能力。

2 攀岩

攀岩与地质体育相互补充，人们通过亲身体验地质景观和岩石特征，促使人们更深入地了解地球的地质过程和历史。这不仅丰富了户外体育活动，还有助于地质科学的普及和地质遗产的保护。

地质教育：攀岩提供了一个独特的机会，让人们亲身体验岩石和地质地貌。攀岩者常常需要了解岩石的类型、结构和特征，以便选择最佳的攀爬路线和安全措施。这促使攀岩者对地质科学产生兴趣，并学习如何解读岩石的迹象和形态。

地质景观探索：攀岩通常在自然环境中进行，攀岩者有机会欣赏到各种壮丽的地质景观，如峡谷、岩壁、洞穴等。这些地质景观不仅提供了独特的攀爬体验，还使攀岩者更加关注自然环境的保护和地质遗产的价值。

地质风景区：一些著名的攀岩地点通常也是地质风景区，吸引了大量的攀岩者和地质爱好者。这些地区通常设有解说牌和教育中心，向游客介绍当地的地质历史和地质特征，从而提高了公众对地质科学的认识。

本章将从攀岩者的体能特征、攀岩与肌肉疲劳、攀岩体能的训练方法等方面让学习者深入了解攀岩。

攀岩运动源于现代登山活动，近年来备受关注。它已从最初作为高海拔登山的一种训练方式，逐渐演变成一项特定的休闲娱乐活动。随着安全技术的不断进步，尤其是固定锚点的使用，攀岩者能够勇攀更加复杂的路线，专注于需要特定身体技能和技术动作的挑战。如今，世界各地都拥有天然岩壁和人工攀岩结构，提供给攀岩者锻炼和娱乐的场所。值得一提的是，1974年，苏联和捷克斯洛伐克的登山组织首次举办了国际攀岩比赛，标志着竞技攀岩的国际化起步。随着人工攀岩墙和攀岩装备的不断改进，以及竞技规则的逐步完善，竞技攀岩逐渐成熟，最终在2016年8月被国际奥委会正式列为第32届夏季奥林匹克运动会的正式比赛项目。

通过对相关学术文献的研究，针对竞技攀岩，我们可以得出以下几个主要结论：

首先，当前的研究重点主要集中在男性攀岩运动员身上；其次，国际研究者开始关注不同攀岩项目运动员之间的比较研究，以深入了解他们在竞技能力方面的特点；最后，目前的研究热点主要涵盖攀岩运动员的身体形态、身体机能、运动素质以及运动训练等方面。攀岩运动需要独特的体能，与传统登山运动有着显著的区别。在接下来的内容中，我们将结合相关科学研究，深入探讨攀岩所需的体能以及相应的训练方法。

2.1 攀岩者的体能特征

2.1.1 身体形态特征

攀岩者的身体形态特征，主要关注以下方面的体型和身体成分指标，包括身高、体重、体脂百分比、皮褶厚度以及瘦体重。从这些指标派生出的一些重要衡量标准，包括身体质量指数（body mass index，BMI）、臂展和猿指数（Ezzy et al., 2018；Laffaye et al., 2015）等。这些指标有助于科研人员更深入地了解高水平攀岩者的身体特征和体型特点，为攀岩训练和竞技提供有益信息。

2.1.1.1 身高与体重

攀岩者的身高和体重在攀爬中扮演着关键角色，因为攀岩的阻力主要与攀岩者的体重有关，而体重通常与身高密切相关。因此，维持适中的体重对于减少攀岩时的负荷至关重要。研究表明，在攀岩比赛中，保持相对较轻的体重（包括身高在内）可以有助于运动员取得出色的竞技表现。

在一项研究中，攀岩世界杯的参赛选手被分为决赛和半决赛两组，研究人员比较了他们的身高和体重。结果显示，女子决赛选手的身高和体重明显低于半决赛选手，而男子决赛选手的体重略轻于半决赛选手。这表明，对于相同类型的攀岩比赛，保持较轻的体重（包括身高在内）对于运动员在攀岩竞技中表现出色具有积极影响（Watts et al.，1993）。

综合研究结果显示，国际级精英男子攀岩运动员的平均身高为171.2～180.4厘米，平均体重为61.3～72.1千克。精英女子运动员的平均身高为160.8～165.4厘米，平均体重为48.7～54.5千克。一项针对中国国家速度攀岩队的研究显示，男子运动员的平均身高为171.2±2.1厘米，体重为65.2±4.8千克；而女子的平均身高为162.1±3.4厘米，体重为54.2±4.1千克。至于身体质量指数（BMI），国际级精英男子攀岩运动员的范围为20.1～22.1，女子为19.3～22.4。在中国香港地区的研究中，优秀攀岩运动员的平均BMI为19.6±0.9（男性）和19.4±1.0（女性），与国际的精英级攀岩运动员相差无几。高水平攀岩运动员的身体形态特征情况见表2-1。

表2-1　高水平攀岩运动员的身体形态特征[1]

参考文献	等级与性别	项目及难度	身高（厘米）	体重（千克）	体脂率（百分率）	BMI
Mermier et al.，1997	精英级女	难度（5）	164.70±5.60	54.50±3.90	14.60±2.30	——
Watts et al.，2000	精英级男	难度（8）	176.80±7.30	68.60±6.90	5.10±0.80	——
Michailov et al.，2009	精英级男	抱石（18）	174.60±5.60	67.30±6.00	5.80±1.80	22.00±1.40
Michailov et al.，2009	精英级女	抱石（7）	162.60±11.6	54.0±6.80	16.60±3.60	22.10±1.10
España et al.，2009	精英级男	难度（8）	172.70±3.73	66.10±3.99	13.50±3.66	22.20±1.14
España et al.，2009	精英级女	难度（8）	163.60±8.90	54.60±6.60	10.60±3.12	——
Macdonald et al.，2011	精英级男	抱石（12）	177.70±4.90	70.20±6.20	12.10±4.30	22.30±2.00
Krawczyk et al.，2014	精英级男	速度（6）	174.00±6.00	67.18±3.40	13.40±1.64	22.11±1.12
Ozimek et al.，2018	精英级男	速度（6）	179.33±9.52	72.17±7.31	——	22.41±0.77
郭峰等，2018	中国国家男队	速度（6）	171.20±2.10	65.20±4.80	——	——
郭峰等，2018	中国国家女队	速度（6）	162.10±3.40	54.20±4.10	——	——

[1]魏梦力、钟亚平等：《国际精英级攀岩运动员身体形态、机能与运动素质研究进展》，《中国体育科技》2020年第7期，第90-98页。

2.1.1.2　身体成分

杰出的攀岩运动员通常具备相对较低的体脂含量（Watts et al.，2003）。这是因为过多的体脂不仅会增加体重，从而妨碍身体的灵活性，还可能在攀岩过程中造成不必要的肌肉负担。攀岩运动员需要通过保持较低的体脂含量来增加肌肉负担，以提高相对力量，从而增强克服自身体重的能力。同时，攀岩运动员不需要过多的肌肉质量，以确保良好的柔韧性。因为肌肉围度过大可能会在关节活动时产生叠加效应，从而限制关节的活动范围，不利于运动员的柔韧性和攀岩技术的表现。

研究人员根据攀岩运动员的相对力量水平、体脂率、体重比以及攀爬能力之间的关系提出了一个计算公式，即：

$$攀爬能力 = 2.4419 + （SMR × 2.9536） - \%fat × 0.0825$$

其中：

SMR：指"Strength-to-Mass Ratio"，即力量与体重比。这是攀岩者的力量与其体重之比，表示攀岩者在攀爬时所能产生的力量相对于其体重的比率。这个比率越高，攀岩者的力量相对于体重就越大，从而在攀岩时更为有效。

%fat：指身体脂肪百分比，即体脂率。攀岩是一项对体重敏感的运动，因为攀岩者需要将自己的体重支撑在岩石上。体脂率较低的攀岩者通常更有优势，因为他们相对于身体重量来说更具力量和耐力。

因此，这个公式可以理解为攀爬能力与攀岩者的力量与体重比以及体脂率之间的关系。

综合多项研究成果，国际级精英男子攀岩运动员的体脂含量通常为4.7%～13.5%，而国际级精英女子攀岩运动员的体脂含量范围为10.7%～20%。Wilson等（2011）进行的研究显示，中国香港地区优秀攀岩运动员的体脂含量为男性11.0%±3.2%、女性27.3%±3.4%。这表明中国香港地区的女子攀岩运动员的体脂含量明显高于国际精英水平，这可能是影响我国女子攀岩运动员提高攀岩能力的一个重要潜在因素。

2.1.1.3　专项形态学指标

早期研究已明确，攀岩运动员的臂展和猿指数与他们在攀岩中的表现密切相关。臂展是指两臂向两侧最大限度水平伸展时，两中指指尖之间的直线距离。根据Laffaye等（2015）的研究，精英级男子攀岩运动员的平均身高约为175±0.11厘米，而他们的臂展通常为181±0.06厘米。另一项研究由Mermier等（2000）进行，他们发现精英级男子攀岩运动员的平均身高为177.4±8.8厘米，而臂展范围则是185.4±9.6厘米。这些研究结果表明，精英级攀岩运动员的臂展通常显著大于他们的身高。由于臂展较长，攀岩者可以更轻松地覆盖更大的距离，特别是在攀爬难度较高、距离较远的岩点时，这有助于提高他们在比赛中的竞争力。

猿指数是指人体的臂展长度与身高之比（Mermier et al.，2000）。研究已充分证实，较高的猿指数对于攀岩表现具有积极影响。根据Laffaye等（2015）的研究，精英级男子攀岩运动员的猿指数范围一般为1.03±0.03。Mermier等（2000）的研究表明，精英级男子攀岩运动员的猿指数为1.00±0.02，而精英级女子攀岩运动员的猿指数范围通常为1.00±0.03。Wilson等（2011）对中国香港地区优秀攀岩运动员的猿指数进行了测量和评估，结果显示，男子运动员的猿指数约为1.05±0.03，女子运动员的猿指数约为1.05±0.06。这些数据表明，中国香港地区的优秀攀岩运动员在这一指标上与国外运动员的数值非常接近。

2.1.1.4 不同单项攀岩运动员身体形态差异

研究表明，速度攀岩运动员的体重稍高于抱石攀岩运动员和难度攀岩运动员。这可以解释为速度攀岩是一项典型的短时间竞速项目，运动员主要依赖磷酸原（ATP-CP）供能，需要较高的爆发力。因此，速度攀岩运动员通常具有更高的肌肉质量，以满足比赛的需求，这也导致他们的体重相对较高。速度攀岩运动员的较高体重与他们的身体肌肉组织更为发达有关，通常占据了正常成年男性体重的43%。然而，在体脂肪方面，三个攀岩项目的运动员并没有明显差异（Ozimek et al.，2018）。研究发现，难度攀岩运动员的体脂率较低，相对于抱石攀岩运动员来说更为显著。这是因为难度攀岩比赛的持续时间通常在3到10分钟，相对于抱石比赛而言更长。因此，拥有较低的体脂率有助于减轻运动员的负担，以适应较长的比赛时间要求。

2.1.2 生理机能特征

2.1.2.1 有氧能力

关于攀岩运动员的有氧能力对比赛成绩的影响，目前在学术界存在一定的争议。通常情况下，相对最大摄氧量（VO_{2max}）被用作评价攀岩运动员有氧能力的指标。精英级男子攀岩运动员的相对最大摄氧量在44.5～58.3毫升/千克·分钟，女子运动员的相对最大摄氧量在39.7～49.2毫升/千克·分钟，这些数据来自多项综合研究。与典型的耐力项目运动员相比，攀岩运动员的摄氧水平较低。

然而，关于有氧能力对攀岩竞赛成绩的实际影响存在争议。Billat等（1995）通过对世界杯攀岩运动员的研究发现，运动员在攀爬过程中实际达到的摄氧水平仅占其最大摄氧量的一小部分，因此，认为有氧能力在攀岩竞赛中只起到辅助作用。España等（2009）设计了电动攀岩墙递增测试，并对精英级难度攀岩运动员进行了测试。测试中通过逐渐增加攀爬速度来递增负荷，直至运动员力竭。结果显示，有氧能力与攀岩运动员的攀爬能力之间没有显著相关性。有些研究认为，由于有氧能力不仅取决于心血管系统，还与骨骼肌氧化代谢能力有关，甚至后者对攀岩运动员的表现影响更大，因此，不能仅仅以常规的最大摄氧量指标来评估攀岩运动员的有氧能力。

Pires等（2011）利用上肢手摇测功仪对攀岩运动员进行了测试，发现水平较高的攀岩者能够持续更长时间的工作，但他们的最大摄氧量并没有显著变化。Michailov等（2015）提出，有氧能力的测试应更贴近攀岩项目的负荷特点和运动员上肢疲劳的特点，这样的测试结果将更有助于评估攀岩运动员的有氧能力。

因此，Michailov等（2015）采用了一种新的评价方法，即上肢最大递增测试，该测试将运动负荷集中在上肢，可以更精确地反映上肢肌群的氧化代谢能力。他们还将测试结果与运动员的攀岩成绩进行了回归分析，发现受试者的相对最大摄氧量和相对峰值功率输出与攀岩成绩之间存在显著的相关性。因此，有氧能力被认为是影响精英级攀岩运动员攀岩成绩的重要因素之一。高水平攀岩运动员的最大摄氧量情况见表2-2。

表2-2　高水平攀岩运动员的最大摄氧量[1]

文献来源	性别	等级	项目	测量方式	VO_{2max}（毫升/千克·分钟）
Booth et al.，1999	男	精英级	难度（6）	功率自行车	44.50±5.90
Watts et al.，2000	男	精英级	难度（8）	攀爬5.12a路线	31.90±5.30
España et al.，2009	男	精英级	难度（8）	电动攀岩墙递增测试	53.60±3.68
España et al.，2009	女	精英级	难度（8）	电动攀岩墙递增测试	49.20±3.50
Michailov et al.，2015	男	精英级	未区分（11）	功率自行车	58.30±2.60
Michailov et al.，2015	男	精英级	未区分（11）	上肢最大递增测试（划船机）	34.10±4.10

[1]魏梦力、钟亚平等：《国际精英级攀岩运动员身体形态、机能与运动素质研究进展》，《中国体育科技》2020年第7期，第90-98页。

总的来说，综合比较和分析上述研究结果，攀岩运动员的上肢肌群氧化代谢能力确实对攀爬能力产生一定影响，但不同攀岩项目之间存在差异。与速度攀岩相比，难度攀岩和抱石攀岩对上肢骨骼肌的氧化代谢能力要求更高。这是因为难度攀岩和抱石攀岩比赛时间相对较长，特别是难度攀岩，比赛时间持续3～10分钟。在这些项目中，运动员的肌肉处于等长收缩状态的时间相对更长，特别是在攀爬过程中遇到较难岩点时。等长肌肉收缩状态会限制局部血液的流动（Luisa et al.，2006；Schöffl et al.，2006），从而导致乳酸积累速度更快，肌肉疲劳程度更深。因此，拥有较好的骨骼肌氧化代谢能力可以更有效地加速乳酸分解，减轻肌肉疲劳，有利于肌力恢复，提高运动表现。这一发现与Fryer等（2016）关于前臂屈肌氧化代谢能力对难度攀岩运动员攀爬能力等级产生直接影响的研究结论一致。

2.1.2.2　无氧能力

攀岩运动的能量供给特点通常采用了混合供能模式，以无氧供能为主，有氧供能为辅，具体的供能比例则受攀爬角度和岩壁难度路径的影响。不同攀岩项目对无氧工作能力的需求各不相同。速度攀岩比赛通常难度较低，时间较短，要求运动员具备高速度素质，因此主要依赖磷酸原（ATP-CP）供能，而糖酵解供能则辅助其完成比赛。相比之下，抱石攀岩和难度攀岩采用了无氧和有氧供能的混合模式。研究已经证实，当攀岩岩壁的倾斜角度小于90°时，有氧供能发挥主要作用。然而，当攀岩岩壁的倾斜角度超过90°时，供能模式逐渐由有氧供能为主向无氧供能为主转变。

目前，对不同攀岩项目的运动员进行了无氧能力研究，主要采用血乳酸值等生理学评价指标。通过对不同攀岩项目运动员的赛后最大血乳酸值进行测试和分析，可以获取相关的研究结果。例如，刘传勤等（2011）对速度攀岩国家队运动员进行了亚洲室内运动会后的血乳酸测量和分析。研究发现，我国国际级速度攀岩运动员钟齐鑫的赛后最大血乳酸值为8.3毫摩尔/升，相对于传统的短距离速度项目运动员来说较低。然而，速度攀岩主要依赖磷酸原（ATP-CP）供能，属于非乳酸供能，因此赛后的最大乳酸值可能不太准确地反映速度攀岩运动员的无氧能力。对于速度攀岩运动员，采用血氨指标可能更为适用，但目前尚未发现国外对速度攀岩运动员血氨水平的相关检测研究。相比之下，难度攀岩和抱石攀岩不是全力连续进行的项目，比赛节奏有所变化，同时有氧供能也参与其中，因此，运动员赛后的最大血乳酸值较低。血乳酸水平的高低与参与的肌肉群数量之间存在一定关系，根据攀岩运动员在比赛中肌肉参与的特点，可以观察到有大量的小肌肉群参与其中。

有研究对自行车、跑步和攀岩这三个项目的运动员的最大血乳酸值进行了比较，结果显示攀岩的最大血乳酸值要低于前两者。这一现象的原因在于攀岩运动动用了更多的小肌肉群（Schöffl et al.，2006；Sheel et al.，2003；Watts et al.，2004）。Watts 等（2004）在对难度攀岩运动员的研究中也指出，运动员赛后的最大血乳酸值较低与他们的上半身肌肉群更为活跃而下半身肌肉群的活跃度较低有关。

这些研究结果表明，攀岩运动员的赛后最大血乳酸值并不是评价他们无氧能力的敏感指标。事实上，一些研究发现，在比赛过程中血乳酸积累水平与前臂肌肉耐力以及比赛成绩之间存在密切关联。Watts 等（2004）的研究发现，在攀岩运动的攀爬过程中，血乳酸水平的升高会直接影响运动员手部抓握耐力和力量的下降。这是因为当乳酸积累时，它会对肌肉内部的环境产生影响，从而增加肌肉的疲劳程度。此外，根据2000年的一项研究结果，难度攀岩运动员（包括28名男性和18名女性）在比赛后1分钟内测定的平均血乳酸值约为6.7±1.1毫摩尔/升，相应的攀岩高度为13.2±4.9米（Watts，2004）。这一分析表明，血乳酸水平与运动员在攀爬过程中达到的高度之间存在显著相关性。这进一步说明，在无氧条件下，攀岩运动员的前臂肌肉群工作耐力至关重要，特别是对于比赛时间较长的抱石攀岩和难度攀岩项目。Schöffl 等（2006）也指出，无氧运动下前臂屈肌的力量耐力是限制运动员运动表现的主要因素。

2.1.3　身体素质特征

2.1.3.1　力量素质

攀岩运动员的上肢力量水平与他们的攀爬表现密切相关。高水平的攀岩运动员通常展现出更出色的上肢力量（Grant et al.，1996；Hasler et al.，2001；Magiera et al.，2013）。这种力量上的优势主要体现在相对力量上的差距，因为攀岩运动员的比赛负荷通常来自他们自身的体重。因此，攀岩运动员需要在保持良好的上肢力量的同时，保持较轻的体重，这对相对力量水平提出了较高的要求。关于力量测试的研究结果显示，专业攀岩运动员与业余攀岩者相比，上肢的绝对力量差异不大，但他们在相对力量方面表现更出色。Krawczyk 等（2014）在对不同攀岩单项运动员的力量比较中指出，高水平的攀岩运动员最明显的特点之一就是他们拥有出色的相对力量。综合多项研究可知，国际精英级攀岩运动员的相对握力比值范围：男子运动员为0.78～1.50，女子运动员为0.50～1.20。

尽管良好的上肢相对力量是优秀攀岩运动员的共同特点，但不同攀岩单项运动员在力量素质上也存在差异。Fanchini 等（2013）的研究表明，抱石攀岩运动员在最大肌肉收缩力量和爆发力方面表现比难度攀岩运动员更出色。Macdonald 等（2011）也指出，抱石攀岩运动员在攀岩时展现出更出色的握力和指力。由于抱石攀岩比赛的赛道较短，但难度较大，高难度的岩点对运动员的抓握力量要求更高，因此，运动员需要保持较高的最大力量水平。

相比之下，难度攀岩与抱石攀岩和速度攀岩相比，对力量耐力的要求更高。难度攀岩比赛的赛道较长，时间较长，要求肌肉在静态和动态运动之间长时间工作，这可能导致运动员的上肢肌肉疲劳，使他们无法完成比赛。因此，难度攀岩运动员需要发展肌肉力量耐力（Fanchini et al.，2013；Philippe et al.，2011），即提高肌肉长时间工作的能力。

此外，难度攀岩运动员的肌肉力量耐力还表现在肌肉力量的恢复速度上。Watts 等（2000）对优秀的难度攀岩运动员进行了握力测试，发现在攀爬测试前和测试结束后1分钟内，握力分别为51.7±7.5千克和48.4±8.4千克，二者差距不大，这表明难度攀岩运动员的肌肉力量恢复速度较快。

因此，针对攀岩运动员肌肉力量耐力的训练可以包括持续时间为30～40秒、间歇非常短的抓握练习，且需要进行多组练习。通过高强度的练习，可以提高运动员比赛中前臂肌肉群的抗疲劳能力（Medernach et al.，2016）。

2.1.3.2 速度素质

速度攀岩和其他攀岩比赛单项对速度素质有不同的要求。速度攀岩是一项体能主导的速度项目，其赛道通常采用标准的15米距离，难度相对较低，要求运动员具有出色的移动速度。在这个领域，顶尖的男子速度攀岩运动员通常能在约6秒内完成比赛，而顶尖的女子运动员通常在约8秒内完成比赛。

另一方面，速度攀岩中的"起攀"阶段需要非常快的反应速度。研究表明，男子速度攀岩运动员的起攀反应平均时间为0.41秒，该阶段占平均最好成绩用时的6.77%。与此相比，短跑运动员的起跑反应时间对运动成绩的影响只占2%。这表明在速度攀岩领域，反应时间对比赛成绩的影响更为显著，因此需要在训练中特别关注。

为了提高反应速度，可以采取以下两方面的练习策略：一方面，提高大脑皮质神经过程的灵活性，以增强反应速度。这方面可以借鉴短跑项目中的类似练习，但需要注意，这种训练可能较为困难。另一方面，发展磷酸原系统供能能力，因为速度攀岩与短跑项目的供能特点相似。可以考虑在选材时跨足这两个项目。

对于难度攀岩和抱石攀岩，由于其赛道难度大，对速度的要求相对较低，主要的训练重点应放在以下方面：第一，训练运动员拥有出色的动作速度，以能够快速、干净利落地完成攀爬过程中各种高难度的岩点。这可以通过反复进行技术动作的练习来实现。第二，后期应该提升动作速度，并将动作速度融入某些技术动作中，通过反复练习来不断完善和提高技术水平。

综上所述，速度攀岩需要更注重反应速度的提高，而难度攀岩和抱石攀岩需要着重培养动作速度和技术水平的提升。不同攀岩单项运动员可以根据比赛要求和个人特点调整训练重点，以提高他们在各自项目中的速度素质。

2.1.3.3　柔韧素质

攀岩运动员的柔韧性是他们竞技表现中不可或缺的因素。攀岩要求运动员具备高度的身体柔韧性，尤其是在涉及下肢髋关节的外展和屈曲活动时。这些动作在攀岩中至关重要，例如高位脚跟挂点和脚尖勾点都需要运动员具备卓越的髋关节柔韧性。

为了评估柔韧性水平，通常使用以下测试指标：

1. 坐位体前屈

这个测试要求运动员坐在地上，双脚抵住一个固定板，然后在背部保持平直的情况下，试图前倾将手尽可能延伸向前，以测量他们能够达到的最远距离。坐位体前屈测试主要反映了髋关节和背部的柔韧性水平。

2. 格兰特抬足

在这个测试中，运动员站在墙面前，脚尖沿着距离墙面23厘米的标记线站立。然后，他们试图通过屈髋、屈膝和伸踝的方式将脚尖抬到最高点。格兰特抬足测试反映了下肢关节的整体屈伸活动度。

3. 腿展

这个测试主要考察受试者两脚之间的最大跨距，以反映髋关节的外展活动度。腿展测试与攀岩中的"腿桥"动作相关。

研究已经表明，国际精英级男子攀岩运动员的坐位体前屈平均约为37.9±7.8厘米，格兰特抬足高度约为99.9±11.7厘米。在腿展方面，优秀男性运动员的腿展范围约为139±4厘米，而优秀女性运动员的腿展范围约为134±3厘米。这些数据凸显了柔韧性在攀岩中的重要性。

不同攀岩单项和性别对柔韧性的要求可能会有所不同。例如，抱石攀岩和难度攀岩通常需要更多的下肢柔韧性，因为这些比赛中的攀岩技术通常涉及较大的跨距和更复杂的脚部动作。在柔韧性方面，女性运动员通常具有优势，而男性则可能在抓握力等其他方面具有优势。

2.1.4 攀岩者的体能特征

地质体育的内容涉及人工岩壁与自然岩壁的攀爬训练，一方面通过攀爬体验感受不同地貌与岩石类型，通过岩石学的科普激发学习者对于地球科学的兴趣；另一方面，也通过不断的攀登练习，锻炼学习者的攀岩体能，为地质实践的有难度路线做好准备。

前面通过实证研究阐述了高水平攀岩运动员的体能特征，其实，喜欢攀岩且经常练习者的身体形态、生理机能，以及身体素质都偏向于高水平攀岩运动员的体能特征，只是在运动能力和等级水平上存在差异。因此，为了更好地帮助地质体育课程学习者提升攀岩体能，在此归纳总结一下攀岩者的体能特征。

2.1.4.1 攀岩者的身体形态特征

经常练习攀岩的学习者的身体形态因人而异，但通常具有以下一些常见特点：

1.瘦削体型

攀岩者通常具有相对较低的体脂肪含量，以减轻体重，提高力量与体重比，有助于攀岩过程中的悬挂和爬升。

2.粗壮的前臂

攀岩对上肢力量有很高的要求，因此攀岩者的前臂、手臂和肩部肌肉通常较为发达。强大的上肢肌肉帮助他们紧握岩壁，做出精确的动作和保持稳定。

3.瘦长的四肢

攀岩者的四肢通常相对较长，这有助于他们在攀爬时获得更大的杠杆和更好的控制。长臂和长腿可以帮助攀岩者更容易地到达岩石上的支撑点。

4.较小的体型

攀岩者的身材通常不会过于庞大或肌肉质量过大，因为肌肉过于发达可能会增加体重，使攀爬更加困难。

5.腕部柔软度

攀岩者通常拥有较高的腕部柔软度，这有助于他们更好地控制手部姿势和手指的灵活性。腕部的柔韧性对于攀岩动作非常重要。

需要注意的是，攀岩者的身体形态特征可以因不同的攀岩风格和专业水平而异。一些攀岩者可能更侧重于力量，而其他人可能更专注于技术和柔韧性。因此，攀岩者的身体形态可以在一定程度上因其个人偏好和训练重点而有所不同。

2.1.4.2　攀岩者的生理机能特征

经常练习攀岩的学习者的生理机能因人而异，但通常具有以下一些常见特点：

1.有氧耐力

攀岩可能需要攀登较长的路线或进行持续的攀爬，因此，攀岩者通常具备良好的有氧耐力，能够在相对较长的时间内保持适度的运动强度。

2.无氧耐力

攀岩涉及爬升、悬挂、抓握等短时高强度的动作，因此，攀岩者需要具备较强的无氧耐力，能够在高强度的攀爬动作中保持肌肉力量。

3.神经系统适应

攀岩是一项技术性运动，攀岩者的神经系统需要适应复杂的攀爬技术和路线。

需要注意的是，攀岩是一项高度个性化的活动，攀岩者的生理机能特征可能会因其攀岩风格、训练方法和攀岩类型的不同而有所不同。一些攀岩者可能更专注于难度攀岩，而另一些可能更专注于速度攀岩或传统攀岩，这也会影响其生理机能的侧重点。因此，攀岩者通常会根据其个人目标和攀岩类型来调整其训练和体能发展。

2.1.4.3　攀岩者的身体素质特征

经常练习攀岩的学习者的身体素质因人而异，但通常具有以下一些常见特点：

1.上肢力量和耐力

攀岩者需要具备强大的上肢力量和耐力，尤其是前臂和手部的肌肉。这些肌肉用于抓握岩石、支撑体重和进行悬挂动作。攀岩者通常会进行特殊的上肢力量训练，以增强这些肌肉。

2.核心力量

攀岩时，核心肌肉（腹部和腰部）的力量对于保持平衡、控制身体姿势和支撑核心部位很重要。强健的核心肌肉有助于减轻上肢的负担，并提供稳定性。

3.下肢力量和爆发力

攀岩者的下肢也需要强大的力量，尤其是大腿和臀部的肌肉，这些肌肉用于推动身体，做跳跃和踩踏等动作。爆发力对于完成技术性动作和攀爬动作非常重要。

4.柔韧性

攀岩者需要良好的身体柔韧性，以适应各种攀岩姿势和岩石结构。腰部、髋部、脚踝等部位的柔韧性对于攀岩者非常重要。

5.平衡感和协调性

攀岩是一项高度协调的活动，攀岩者需要有卓越的平衡感和协调性，以保持稳定并执行技术性动作。

需要强调的是，攀岩是一项高度个性化的活动，攀岩者的体能特征可能会因其攀岩风格、训练方法和攀岩类型的不同而有所不同。攀岩者通常会根据个人目标和攀岩类型来调整其训练和体能发展，以达到最佳的运动表现。

2.2 攀岩与肌肉疲劳

攀岩是一项挑战肌肉疲劳极限的运动。攀爬高难度的岩壁时，前臂肌肉会很快感到疲惫和紧绷。因此，攀岩者需要全面锻炼前臂肌肉的力量和耐力，以在疲劳状态下保持持久的力量，并增强应对疲劳的恢复能力。攀岩过程中的力量、耐力和恢复能力等要素相互交织，相互之间协同作用。以攀爬陡峭岩壁为例，攀岩者的手指需要反复施加强大的力量，这时肌肉的力量、耐力和恢复力都至关重要。因此，将这些能力看作相互关联的要素更为贴切。从肌肉内部的能量利用角度考虑，肌肉的力量、耐力和恢复能力都牵涉肌肉供能的各个方面。

2.2.1 人体肌肉活动的三种能量系统

人体的肌肉拥有三种不同的能量供给系统，它们分别是磷酸原系统（ATP-CP系统）、乳酸系统和有氧系统。ATP-CP系统和乳酸系统通常被称为无氧系统，因为它们可以在没有氧气的情况下产生能量。下面将简要介绍这三种能量供给系统的主要特征，如表格2-3所示。

表2-3 与肌肉活动相关的三种能量供给系统及其特性

能量系统名称		能量产生及反应	
无氧系统	ATP-CP系统(高效率低容量)	CP	C+P+(e)
	乳酸系统(中效率中容量)	碳水化合物	乳酸+(e)
有氧系统(低效率高容量)		碳水化合物+O_2	CO_2+H_2O+(e)
		脂肪+O_2	CO_2+H_2O+(e)

2.2.1.1 ATP-CP系统

这个系统的特点是容量较小，但能够提供最大的爆发力。它适用于需要在短时间内迅速产生高强度力量的情况，比如最大肌力、高动能和瞬间爆发力。ATP-CP系统的能量源是磷酸肌酸（CP），但CP的储存量非常有限，且在连续使用后会迅速耗尽。然而，通过适当的休息，CP能够迅速恢复，从而可以多次重复使用，这使得高肌力和动能可以反复发挥。

2.2.1.2 乳酸系统

乳酸系统的特点介于ATP-CP系统和有氧系统之间。它适用于需要持续使用强大肌力的情况，而ATP-CP系统的容量不足以满足需求，但仅靠有氧系统的动能又不够。乳酸系统在这种情况下充当辅助能量系统的角色，提供高动能的耐力和中等动能。然而，需要注意的是，乳酸系统在产生能量的同时也会产生乳酸，这是一种疲劳物质。因此，肌肉在碳水化合物能量源耗尽之前就会感到疲劳。乳酸系统具有双重作用，既能提供高强度的能量，又容易引发疲劳，这可以看作是人体自我防御系统的一部分。

2.2.1.3 有氧系统

有氧系统与ATP-CP系统的特点相反，它提供的动能较小，但容量最大。有氧系统适用于长时间持续运动，例如长距离徒步登山。这个系统使用氧气来代谢碳水化合物和脂肪，以产生持久的低强度耐力。此外，有氧系统还在其他两个系统（ATP-CP系统和乳酸系统）消耗能量时，提供恢复和补充能量的功能，也就是所谓的"恢复力"。

攀岩是一项挑战这三种能量系统的运动。它要求攀岩者在攀爬过程中灵活地选择和调整这些能量系统，以应对不同的攀岩情境。攀岩者需要了解这些系统的特点，以便在攀岩过程中更有效地利用肌肉的能量供给系统。不同攀岩情境可能需要不同的能量系统，攀岩者必须根据需要做出相应的反应。这种综合的能量系统协同运作，使攀岩成为一项多才多艺的运动。

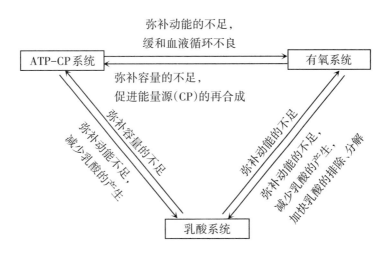

图2-1 三种能量系统的关系

2.2.2 攀岩运动时三种能量系统的区别

攀岩运动中，三种能量系统的运用也会受到肌力需求、持续时间和运动形式等因素的影响，以下是这些能量系统在攀岩中的不同应用情况的详细描述。

2.2.2.1 连续性运动

在攀岩中，连续性运动通常涉及较低的肌力需求，例如持续攀爬一段时间的技术路线或攀登较简单的部分。这类运动主要依赖有氧系统来提供能量。由于攀岩者在这种情况下不需要大量的肌肉力量，乳酸系统通常不会被激活，因此不会导致肌肉疲劳。攀岩者可以持续攀爬，因为有氧系统能够为他们提供足够的氧气和能量，以维持较低强度的攀爬。

2.2.2.2 间歇性运动

在攀岩中，间歇性运动涉及更高的肌力需求，例如攀登技术要求更多的部分，或需要进行较大幅度的动作。在这种情况下，攀岩者可能需要依赖ATP-CP系统来提供快速爆发的能量，以完成短暂且高强度的动作，如迅速抓握、踏脚等。休息期间，有氧系统会开始合成再生已用掉的ATP-CP系统的能量，以备下一轮高强度动作使用。这个过程会反复进行，使攀岩者能够在攀爬时保持高强度的肌肉表现。

需要注意的是，如果攀岩中的间歇性运动变得更频繁或更持续，休息时间减少，那么乳酸系统可能会被激活，因为ATP-CP系统和有氧系统无法满足肌肉的高强度需求。这导致乳酸的积累和肌肉疲劳，影响攀岩者的肌力表现。

总之，在攀岩中，不同类型的攀爬和攀岩路线会导致不同程度的肌力需求和能量系统的应用。攀岩者需要根据攀爬的性质和强度智能选择并合理利用这三种能量系统，以维持其肌肉在攀岩中的高效表现。

2.2.3 攀岩时的前臂僵化

在攀岩过程中，前臂肌肉容易出现一种称为"僵化"的现象。这种情况通常是由于乳酸系统提供的能量过多，导致肌肉中乳酸积聚，进而使前臂肌肉无法正常收缩和松弛。因此，在攀岩时，我们需要尽量减少对乳酸系统的依赖，以避免前臂的"僵化"。

为了实现这一目标，有两种主要策略，可以参考图2-2中的方法a和b。在方法a中，攀岩者应该努力将体重分散到脚部，减少前臂肌肉的使用。而在方法b中，攀岩者可以采取交替使用双手的方式，以确保前臂肌肉有充分的休息和恢复机会。这两种策略在攀岩简单路线时通常很有效。但在攀登困难路线时，实施这些策略可能更加具有挑战性。

因此，攀岩者需要根据攀爬路线的不同难度和自身体能状态，智能选择合适的策略，以最大程度地降低对乳酸系统的依赖，从而避免前臂的"僵化"现象。这有助于提高攀爬效率和体验，特别是在攀登具有挑战性的路线时。

a 以有氧系统为中心的运动

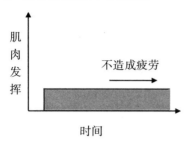

a' 乳酸系统也会被动员出来

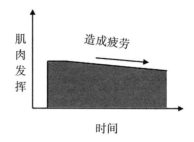

b ATP-CP系统(运动)+有氧系统
(恢复)的运动

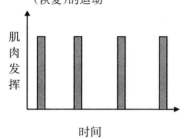

b' 乳酸系统也会被动员出来

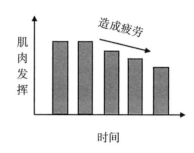

图2-2 各种肌力发挥类型及使用的能量系统

2.2.3.1 攀岩时前臂产生的乳酸分析

攀岩过程中产生的乳酸积聚是由于前臂肌肉大量依赖乳酸系统来提供能量，这导致肌肉中乳酸堆积，进而影响肌肉的正常收缩和松弛。在攀岩中，前臂肌肉是最频繁使用的部位，因此，采用策略来减少对乳酸系统的依赖至关重要。

表2-4中的实验结果提供了有关这一点的更多信息。实验涉及6位攀岩者攀登一座15米高的人工岩壁，并记录了他们的血液中乳酸浓度和心率的变化。值得注意的是，能力较强的攀岩者在短时间内完成攀登，其乳酸浓度和心率上升相对较小。前4名攀岩者的血乳酸浓度维持在2毫摩尔左右，最高心率约为153次/分钟，几乎相当于进行有氧运动的轻度负荷。此外，表2-4还列出了每位攀岩者的前臂肌肉力量指标以及握力与体重的比值。结果显示，B和E的握力与体重的比值相对较低，这表明他们的前臂肌肉力量较弱，因此更依赖乳酸系统，容易产生乳酸积聚。

表2-4 攀登15米路线的血乳酸与心率变化

实验对象	路线难度	握力体重比	时间(秒)	血乳酸浓度(毫摩尔)		心率(次/分钟)	
				攀岩前	攀岩后	均值	最高值
A	5.13b	0.72	176	1.12	2.00	126	145
B	5.13b	0.68	162	1.18	2.34	141	153
C	5.12c	0.93	163	1.03	1.89	132	150
D	5.12b	0.91	165	1.21	2.46	135	149
E	5.12b	0.65	198	1.45	3.15	142	158
F	5.11a	0.78	179	1.48	4.02	143	160

这些实验结果表明，前臂肌肉力量对攀岩者在攀岩过程中依赖乳酸系统的程度产生影响，但它并不是唯一的关键因素。攀爬技能同样至关重要，可以减少前臂肌肉的负荷。在攀爬相对容易的路线上，攀岩者对乳酸系统和有氧系统的能量依赖较低，不容易疲劳；而在攀爬困难路线时，攀岩者需要调动乳酸系统和有氧系统的大量能量来支持较长时间的攀爬，这与中距离跑运动员的特性相似。总之，攀岩者的身体状况和技能水平对攀岩表现有着重要影响。

2.2.3.2 减轻前臂肌肉疲劳的方法

为了减轻攀岩过程中前臂肌肉疲劳，攀岩者可以采用多种方法来提高前臂肌群的能力，包括肌力、耐力和恢复力，具体如下。

1.增加前臂肌群的肌力

进行有针对性的力量训练，如举重和引体向上等运动，可以增加前臂肌群的力量和耐力。这些训练可以帮助攀岩者在攀岩时更轻松地应对挑战性的路线。

2.增加前臂肌群的耐力

参加有氧运动，如跑步和游泳，可以提高前臂肌群的耐力和乳酸耐受能力。有氧运动有助于改善肌肉的氧气供应和废物清除，延缓肌肉疲劳的发生。

3.提高前臂肌群的恢复力

使用按摩、拉伸等方法来缓解前臂肌群的疲劳和促进恢复。恢复性训练和伸展有助于减轻肌肉酸痛和加速肌肉康复。

此外，还有一些攀岩技巧可以帮助减轻前臂肌肉疲劳：

（1）左右手交替使用：在攀岩过程中，尽可能地交替使用左右手进行攀爬，以

均衡前臂肌群的使用，避免单侧肌肉过度疲劳。

（2）穿插短暂休息：适时地停下来休息一下，将手离开岩壁，以缓解前臂肌肉的疲劳。这可以通过寻找支撑点或休息位置来实现。

（3）反复使出全力：在攀岩过程中，尽可能地多次重复使用前臂肌群，以避免肌肉疲劳。这可以通过在攀爬中寻找合适的握抓点并迅速进行多次移动来实现。

需要注意的是，休息时间和运动时间的组合方式对减轻前臂肌肉疲劳的影响很大（见图2-3）。攀岩者应根据自身情况和攀爬需要，在不同的情况下采用不同的策略和技巧，以最大程度地减轻前臂的疲劳。在攀爬困难的长距离路线时，还可以采用快速通过困难部分和在途中合理休息的方法来帮助肌肉恢复。

总之，攀岩者可以通过综合运用训练方法、技巧和策略，来减轻前臂肌肉疲劳，提高攀岩表现和体验。攀岩是一项需要身体和头脑协同工作的运动，通过不断的实践和尝试，攀岩者可以不断提高自己的技能和策略。

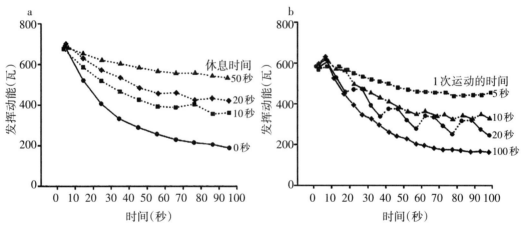

图2-3　改变运动时间与休息时间后动能维持能力的变化

2.3　攀岩体能的训练方法

在本部分，我们将重点讨论攀岩体能的一些现代训练方法。攀岩作为一项多样化的登山运动，训练方法在提高技能和表现方面至关重要。

2.3.1 攀岩训练的基本姿势

攀岩训练的基本姿势至关重要，它们可以影响攀岩者的攀登效率和安全性。以下是一些关于攀岩训练基本姿势的要点。

2.3.1.1 站姿

保持身体平衡是攀岩的关键。双脚应与肩同宽，这可以帮助身体分布体重，减轻单脚负荷。脚尖略微向外扣，这有助于更好地贴合岩壁。双手应自然下垂、放松，以便在需要时可以更灵活地运用。

2.3.1.2 握持

握持方式直接影响攀岩者的攀登力量和控制。开放握是在攀爬时留有一定间隙的握持方式，适用于大型岩石或物体，它可以减轻手部疲劳。封闭握是手指紧紧握住物体的握持方式，适用于较小或不规则的岩石，它提供更牢固的控制。

2.3.1.3 膝关节屈曲

频繁屈曲膝关节是攀登的基本动作之一。弯曲膝关节有助于控制身体的重心，使攀岩者能够更好地贴近岩壁并发挥力量。膝关节应稍微内扣，这有助于稳定攀岩者的身体并减少受伤的风险。

2.3.1.4 头部姿势

攀岩者在攀登时保持头部直立非常重要，这样可以注视攀登路线和前方。减少头部的频繁转动可以减轻颈部的压力，同时有助于更好地集中注意力。

正确的基本姿势不仅有助于提高攀岩的效率，还可以降低受伤的风险。练习这些基本姿势并确保它们成为自己攀登的习惯，将有助于提高攀岩技能和体验。同时，使用适当的攀岩装备和技巧来确保攀登过程中的安全性。

2.3.2 攀岩+补强训练

攀岩训练的最佳方式是亲身去攀爬天然岩场或人工岩壁，这种实际攀爬被称为"实践训练"。很长一段时间以来，人们普遍认为攀岩训练必须通过举重或健身机器等非攀岩活动来补强，这就是所谓的"补强训练"。然而，补强训练只是攀岩训练的辅助手段，而非主要方法。有些人可能错误地认为补强训练更为困难，因此只专注于它，这样的做法并不能提高攀岩技能，只是提高了补强训练的能力，比如提高举重的重量或次数。

攀岩与其他运动不同，因为攀爬场地不像健身房那样容易找到，因此一些人被迫更多地侧重于补强训练。然而，随着人工攀岩墙和攀岩设施的普及，越来越多的人可以接触到攀岩或类似的活动。最关键的原则是充分利用这些设施，增加实际攀岩训练的时间。

运动训练的实践表明，综合训练效果比单一训练更显著。因此，补强训练是辅助实践训练的有效手段。研究表明，在提高短跑能力方面，短跑+肌力训练或短跑+柔韧性训练的效果要比仅进行短跑训练更好，而进行短跑+肌力+柔韧性训练的效果最佳（见图2-4）。这一规律适用于许多运动，攀岩运动也不例外。一般的运动员每周至少进行4~5天的训练，还要进行2~3次的补强训练。而攀岩运动员如果要攀登高难度路线，则需要每周进行4~5天的攀爬训练，以及2~3次的补强训练来弥补身体的不足之处。然而，这种训练量可能会让一般人感到难以承受。

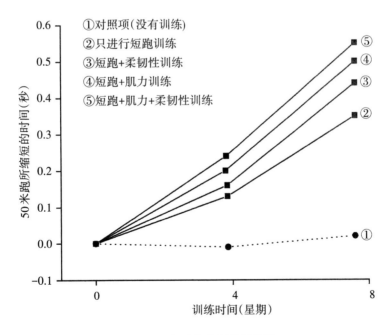

图2-4 短跑复合训练的效果

对于那些只在周末才有时间攀岩的人来说，补强训练变得尤为重要。虽然这并不能提高攀岩技能，但是与不进行任何训练相比，补强训练仍然有益。为了提高身体的整体体能，每周至少需要进行2次或更多次的训练，这已经成为现代训练理论的共识。同时，每周只进行一次攀岩的人可能会面临身体不适或受伤的风险，因为他们的身体突然受到了巨大的压力。只有在周末攀岩的人通常需要一整天的攀爬，这可能会增加危险性。因此，从保护身体和预防损伤的角度来看，补强训练变得尤为重要。

总之，攀岩训练需要平衡实际攀岩和补强训练，尤其对于那些无法每周进行多次攀岩的人来说，补强训练是提高体能和减少损伤风险的重要手段。

2.3.3 肌力训练

2.3.3.1 攀岩实践训练

攀岩者必须进行必要的肌肉训练，以提高肌肉力量和耐力，这对于攀登技能的提升至关重要。然而，攀岩者需要谨记，他们应该只训练必要的肌肉，而不是全身的每一块肌肉。过多锻炼某些肌肉可能导致体重增加，反而成为攀登的负担。相反，如果攀岩者的任何必要肌肉不足够发达，那么他们将无法成功攀登。因此，攀岩者必须确保所有必要的肌肉都得到充分的训练和发展，以维持身体的平衡和稳定。这些肌肉包括腰肌、腹肌、上肢肌肉、下肢肌肉等。

攀岩者还需要留意不同类型攀登所需的不同肌肉。例如，攀登岩石需要更多的上肢和手臂力量，而攀登冰壁则需要更多的下肢和腿部力量。因此，攀岩者应根据自己从事的攀登类型选择相应的肌肉训练方法和姿势。在进行肌肉训练时，攀岩者应注意正确的姿势和技巧，以避免受伤。例如，在举重时，攀岩者应保持正确的体位和握持方式，以避免肌肉拉伤或其他损伤。同时，攀岩者应注意每个动作的节奏和呼吸方式，以确保训练效果最大化。

总之，攀岩者必须进行适当的肌肉训练，以提高肌肉力量和耐力，从而提高攀登技能。然而，他们必须注意选择正确的肌肉训练方法和姿势，避免过度锻炼或忽视任何必要的肌肉。

为了提高攀登能力，实践训练是最有效的方法。攀岩练习可以自然地培养最基本的肌力，因此，应该从低难度的攀岩路线开始，并逐渐提高难度。在攀登过程中，应该尝试攀登各种类型的路线，以均衡地发展必要的肌肉。

2.3.3.2　攀岩肌力的补强训练

在经过积累的实际攀岩训练后，如果攀岩者发现在攀登中某些肌肉力量不足，他们需要进行补强训练。补强训练有多种方法，其中最基本的包括以下几种：

1.以负荷自身体重进行的训练

这是攀岩者最常采用的训练方式之一，代表运动项目为引体向上。由于引体向上的动作与攀岩动作非常相似，因此这种训练方式效果最好。

2.双杠的曲臂伸动作

这是另一种基本的补强训练，可以有效锻炼上半身肌肉，对多种攀岩类型都有效。

3.仰卧卷腹

仰卧起坐可以加强腹部肌肉，提高核心稳定性，对攀岩技能的提升很有帮助。

4.提踵

这是用来强化小腿和脚踝肌肉的训练，对于攀登时的踏实和支撑非常重要。

这些基础补强训练不仅对自由攀岩有效，还适用于其他攀登类型，如阿尔卑斯式攀岩和攀冰攀岩等。然而，对于以负荷杠铃或哑铃等重物进行的训练，以及使用训练机器的训练，必须格外小心。虽然这些训练可以强化特定的肌肉群，但如果姿势或技术不正确，可能无法有效锻炼到必要的肌肉，或者导致过度锻炼不必要的肌肉，从而不利于提升攀岩能力。

2.3.3.3　协同肌的协调训练

在进行补强训练时，有一些关键点需要特别关注。虽然通过补强训练可以锻炼攀登所需的全身肌肉，但这并不能保证能够顺利完成攀登。图 2-5 以单杠做 mantling 动作（手掌撑起身体后，踩在同一点位置站起的动作）的肌电图图解为例进行说明。只有在必要时刻，必要的肌肉才会发挥必要的力量（或者放松力量），才能完成 mantling 这一系列动作。即使拥有强大的肌力，如果力量的发挥时机和力度没有正确调节，也无法完成目标动作。举个极端的例子，如果所有肌肉同时发挥力量，身体会变得僵硬，无法执行动作。攀岩也是如此，为了完成一系列复杂的攀登动作，必须保证协同肌肉在大脑和神经系统的控制下，能够适时地发力或放松，才能成功完成这些动作。

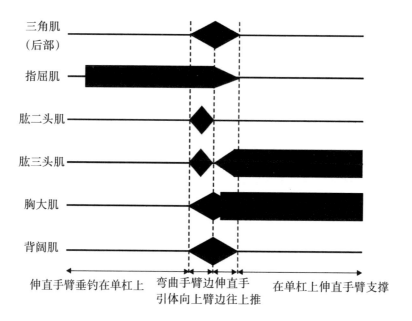

图2-5　mantling动作肌电图

协同肌肉的协调性不能仅仅通过强化个别肌肉的补强训练来培养，还需要大量的实际攀岩训练，以使协同肌肉在大脑控制下实现协调的运动，这在运动心理学中被称为运动的自动化。例如，有时候在整天的攀岩练习之后，尽管肌肉已经非常疲劳，但之前无法完成的动作突然可以成功执行。这是因为在某个特定的时刻，肌肉力量的发挥时机和力度刚好合适，也就是协同肌肉的协调性达到了，所以之前无法完成的动作才得以实现。

因此，如果遇到某个动作无法完成的情况，首先要考虑是不是肌肉力量不足，还是因为协同肌肉的协调性不够好。然后，根据问题的性质进行适当的训练，以提高协同肌肉的协调性。

2.3.3.4　补强训练中增加负荷的方式

肌肉力量的提高取决于肌肉的截面积和肌纤维的动员能力，因此，补强训练可以通过改善这两个因素来提高肌肉力量。根据表2-5，补强训练的方法可以分为两种不同的方式：一是改善肌肉截面积的训练；二是提高肌纤维动员能力的训练。

表2-5 进行肌力训练的负荷法

目的		补强训练		
		负荷条件	新手	选手
提升肌力	强化神经系统的刺激能力	相对于最大肌力的比率	完全没做	80%~95%
		1组的次数		6~1次
		组数		6~10组
		组间歇		3~5分钟
	肌肉肥大	相对于最大肌力的比率	50%~60%	60%~85%
		1组的次数	12~8次	10~5次
		组数	4~6组	6~10组
		组间歇	3~5分钟	2~4分钟
提升肌耐力		相对于最大肌力的比率	20%~50%	20%~50%
		1组的次数	10~100次	10~100次
		组数	4~6组	4~6组
		组间歇	1分钟	1分钟

根据表2-5所示，以高负荷、低重复次数（大约10RM以下）的方法，可以增加最大肌力。但也有以相对较低的负荷、高重复次数（约15RM左右）训练肌肉横截面积的情况。而以高负荷、低重复次数（1~6RM）进行训练，则是最有效的提高肌纤维动员能力的训练方法。如果进一步减低负荷、重复次数为15RM以上，则是肌耐力的训练了。

在攀岩运动选手的肌肉训练中，最初以改善肌肉截面积的训练为主，但随着竞技水平的提高，最近提高肌纤维动员能力的训练也变得受欢迎。然而，提高肌纤维动员能力的训练会增加肌肉和肌腱损伤的风险，因此不适合初学者。此外，这种训练需要有忍耐巨大压力的体质，初学者应该先进行改善肌肉截面积的训练以锻炼肌肉的粗度。

2.3.3.5 实践训练中增加负荷的方式

在实践训练中，要加强肌肉的训练，可以采用与补强训练一样的方式——增强负载即可。对每一块肌肉来说，体重就是负荷。举例来说，进行困难的短程攀登路线或抱石攀岩时，需要在短时间内发挥出强大的肌力，因此需要增加肌力；相反，进行简单的长程攀登路线时，则需要长时间发挥小肌力的状态，因此需要增强肌耐力。

在上述的攀岩活动中，如果进行较小肌力、长时间的攀岩，会促进肌肉横截面积增大；如果进行大肌力、短时间的攀岩（例如要求发挥极度强大肌力的抱石攀岩），则可以提高神经系统的能力。只要充分运用人工岩壁或登山板，身体就能自觉调节这些负荷，从而迅速提升训练效率。

2.3.4 肌耐力、恢复力训练

肌力和肌耐力是常常进行比较的概念，但从肌肉生理学的角度来看，它们之间没有明确的分界线。在训练方面，通常会将高负荷和低重复次数的练习称为肌力训练，而将低负荷和高重复次数的练习称为肌耐力训练。然而，在实际的运动中，肌肉能够提供多种不同类型的能量，包括瞬间爆发的能力、高强度的耐力、低强度的耐力以及迅速恢复的能力。这些能力与肌肉内部的三种主要能量系统（ATP-CP系统、乳酸系统和有氧系统）密切相关。

具体来说，ATP-CP系统与肌肉力量（瞬间爆发的能力）相关，乳酸系统与高强度耐力有关，而有氧系统则与低强度耐力和快速恢复的能力相关。因此，要提高特定类型的肌肉能力，就需要着重训练相应的能量系统。然而，这三种不同的能量系统在训练方法上存在显著的差异，在进行合理的训练时，必须明确自己需要训练哪种能量系统。

2.3.4.1 攀岩者不同能量系统的训练

攀岩者在训练过程中需要采取在运动中穿插休息、反复进行的方法，如图2-6所示。

在这个过程中，有三个关键条件需要确定，他们分别是：①运动强度；②运动时间；③休息时间。如果采用自由重量或训练机器的补强训练，①代表要以什么程度的重量进行，②代表1组要进行几次，③代表每组间要穿插休息的时间。如果是实践训练，则①代表要以最大肌力多少比率的肌力进行登山，②代表1次登山所需的时间，③代表每次登山行进间要穿插休息的时间。

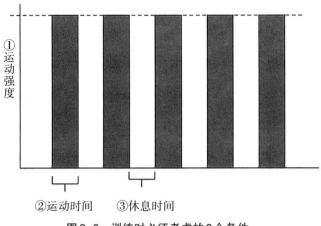

②运动时间　③休息时间

图2-6　训练时必须考虑的3个条件

　　①②③搭配组合方式的不同，所提升的能量系统的能力也会随之改变。具体的组合方式有无数种，但基本原则如图2-7所示。不同的组合方式会对提升不同的能量系统产生影响，虽然可以有无数种具体的组合方式，但基本原则（如图2-7所示）是需要遵循的。

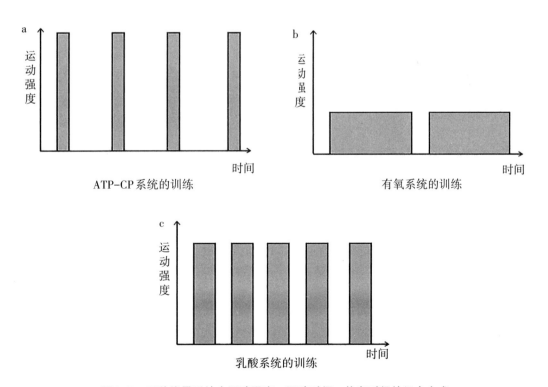

图2-7　三种能量系统中运动强度、运动时间、休息时间的组合方式

2.3.4.2 ATP-CP系统的训练

攀岩者的ATP-CP系统训练与最大肌力和最大动能的训练方法完全相同。为了提高ATP-CP系统的能力，需要注意以下关键要点：

（1）强度要大：这意味着在训练中需要施加较大的力量。

（2）时间要短：训练时间应较短，不要进行长时间的训练。

（3）休息要充分：确保在训练中有足够的休息时间。充分的休息有助于ATP-CP系统的恢复和再次激活。

在这种训练方法中，攀岩者需要在短时间内多次进行高强度的动作，并确保每次动作之间有足够的休息时间。这将最大程度地激活ATP-CP系统，并根据特殊性原则来提高其能力。

在攀岩中，这种方法可以类比为在攀爬困难的抱石部分之间反复休息足够的时间。关键在于掌握适当的运动强度，避免过长的运动时间或休息时间太短，以防止乳酸积聚，因为这会导致成为乳酸系统的训练而非ATP-CP系统的训练。

2.3.4.3 有氧系统的训练

攀岩者的有氧系统训练与低动能耐力有关，同时也涉及ATP-CP系统和乳酸系统的恢复。这种能力的训练方法与ATP-CP系统的训练方法完全相反，需要注意以下要点：

（1）运动强度要小：在训练中，要降低运动的强度，不施加过大的力量。

（2）时间要长：训练时间应该较长，允许持续进行较长时间的运动。

（3）休息要短：休息时间应该较短，以确保有氧系统的能量持续被使用。

在这种训练方法中，攀岩者需要进行长时间的持续运动，以逐渐提高有氧系统的能力。这会导致心肺功能的改善，增加肌肉周围微血管的数量，以及提高在肌肉中产生有氧能量的酵素活性。

在攀岩中，这种训练方法是攀登较为简单但时间较长的路线，类似于进行长距离慢跑（LSD）的方式。该方法关键在于确保训练时间尽可能地延长，而不要增加运动的强度。如果运动强度过大，可能会导致乳酸积聚，引发疲劳，这将使持续运动的总量减少。在这种情况下，训练将不再是有氧系统的训练，而变成乳酸系统的训练。

2.3.4.4 乳酸系统的训练

攀岩者的乳酸系统训练与高动能耐力有关。与之前提到的ATP-CP系统和有氧系统的训练不同，乳酸系统的训练要求产生乳酸。为了实现这一目标，需要将运动强度提高到一定程度。训练中，运动时间和休息时间的搭配方式各有不同，但总体原则是使训练中的肌肉在乳酸积聚到一定程度后达到疲劳状态。

在攀岩中，这可以通过反复攀登困难的短程路线来实现。需要注意的是，仅仅通过攀登多条路线来使肌肉完全达到硬化状态的效率较低，可能会使肌肉疲劳无法继续攀登，最终导致训练量不足。因此，关键在于合理搭配运动强度、运动时间和休息时间，以持续积聚乳酸并完成足够的攀岩量。即使肌肉最终处于硬化状态，也不应该放弃，而是应该逐渐减小负荷并持续进行训练。此外，还需要注意的是，如果前臂处于硬化状态，而其他肌肉（如上臂）尚未达到硬化状态，那么这个训练将更多地强化前臂的乳酸系统，而不是上臂的乳酸系统。

总而言之，不同的能量系统需要不同的训练方法。片面追求"多量训练""训练到肌肉硬化"或"训练到疲惫不堪"的观念并不总是适用。这些方法只对特定能量系统的提升有效，对其他能量系统的提升可能效果不佳。因此，重要的是综合多种类型的训练，而不是过度依赖单一方法。

2.3.5 全身耐力训练

攀岩运动对全身耐力的要求非常重要。全身耐力通常指的是运用有氧系统的全身持久运动能力，典型的代表是徒步登山。虽然攀岩运动中存在大量的无氧性元素，与最大摄氧量的直接关联较弱，但最大摄氧量仍然对攀岩能力有重要影响。例如，在攀登长时间的复杂路线时，攀岩者需要在攀爬过程中多次休息，然后恢复体力后继续攀登。这种情况需要在短时间的高强度运动中穿插短暂的休息。如果攀岩者的最大摄氧量较低，他们可能无法在攀岩过程中获得足够的能量来持续前进。因此，全身耐力在攀岩中至关重要。

尽管自由攀岩者的最大摄氧量目标值尚未明确，但有报道称，某些攀岩者在较年轻时的最大摄氧量约为52.9毫升/千克·分钟。虽然攀岩者的最大摄氧量要求不像长跑运动员那样高，但对攀爬困难且长距离路线的攀岩者来说，仍然需要达到一定的水平，以确保有足够的耐力支持攀登。为了提高全身耐力，可以选择一些适合的有氧运动，如慢跑、骑自行车、轻装登山、游泳等。这些训练不仅可以提升全身耐力，还有助于控制体重和减少体脂含量。同时，攀岩者也应注意控制体重，如果体重过大，可以通过全身耐力训练和攀岩运动来帮助减重。

2.3.6 柔韧性训练

2.3.6.1 各种各样的伸展方法

攀岩运动对全身多个关节，如手腕、肩部、腰部和脚踝的柔韧性要求极高，其中髋关节的柔韧性对脚的活动范围影响最为显著。柔韧性训练（也称伸展）是增加关节活动范围的基本方法。

1. 静态伸展

这是传统的伸展方法，其优点在于安全可靠。然而，对于需要激烈运动，如短跑或跳跃等，静态伸展可能不足以作为准备活动。但对于攀岩等静态运动而言，静态伸展仍然是最基本的伸展方式。此外，静态伸展后，可以进行弹性伸展和动态伸展，或在轻度攀岩活动前进行热身，以满足其他运动的需求。

2. 弹性伸展

与静态伸展相比，弹性伸展需要外力或自身的反作用力，通过迫使柔软部位拉伸。在静态伸展流行之前，人们常使用"柔软体操"等方法，类似相扑练习中的劈腿动作也属于这种伸展方式。然而，这种方法风险较高，容易导致肌肉、肌腱和韧带等损伤，还可能触发牵张反射，导致关节活动范围减小。因此，目前不被认为是理想的训练方法。

3. 动态伸展

动态伸展通过反复的运动来增加柔韧性，可以提高关节的运动范围和灵活性，特别适用于需要经常运用的腕关节和肩部，这在攀岩中非常有用。这种伸展方法在激烈运动的准备中也非常有效，但对于初学者，需要逐渐增加强度和挑战，以避免过度拉伸造成损伤。

4. 本体感受神经肌肉伸展（PNF伸展）

PNF伸展是近年来广受专业运动员欢迎的训练方法。PNF伸展有多种不同的训练方式，其中最常用的是"保持与放松法"，这是改善髋关节柔韧性的训练方式。

2.3.6.2 柔韧性的训练

柔韧性分为主动柔韧性和被动柔韧性两种，而攀岩者需要同时具备这两种能力，尽管主动柔韧性在某种程度上更为关键。被动柔韧性依赖于外部力量来改变关节活动范围，而主动柔韧性是在无需外部干预的情况下自由控制关节活动范围。攀岩者需要足够的被动柔韧性来应对复杂攀登路线中的各种姿势，同时也需要足够的主动柔韧性来自如地移动身体。

主动柔韧性不仅与大腿后部肌肉（如腘绳肌）的柔韧性有关，还与大腿前部肌肉（如股四头肌）的肌力相关。从专业角度来说，主动柔韧性源于主动肌肉的力量与对抗肌肉的柔韧性之间的平衡。攀岩者可以通过以下方法来提高被动柔韧性和主动柔韧性：

1.改善被动柔韧性

Udo Neumann 等人提出了一种改善被动柔韧性的方法，可按以下步骤进行：第一步，用手辅助进行静态伸展，将脚抬至被动柔韧性的极限。这一动作可以改善大腿后部的被动柔韧性。第二步，去掉手的支持，使脚慢慢向下移动，但要尽量保持不着地。这个动作有助于锻炼大腿前部肌肉的力量，攀岩者可以反复进行几次，以提高被动柔韧性。

2.改善主动柔韧性

攀岩者可以采用一些柔韧性训练方法，如经常进行动态伸展或PNF伸展等，以提高主动柔韧性。此外，增强核心稳定性也可以提高主动柔韧性，因为核心肌肉在调整身体姿势方面发挥着重要作用。攀岩者可以在专业指导下进行相关训练。

2.3.7 休息的重要性

在训练过程中，许多人错误地认为体能水平会持续提升。实际上，体能的提升是在训练结束后的休息阶段逐渐开始的。这意味着训练效果的源泉来自休息和恢复。图2-8展示了体能提升的结构概念图。

在训练中，疲劳会导致体能水平下降，但通过适当的休息和合理的营养补给，身体会慢慢恢复。只有在适当的训练、休息和营养补给的情况下，身体才能回到比之前更高的水平，这就是所谓的"超量恢复"。如果在体能进行超量恢复期间开始下一轮适当的训练和休息，就会再次进行超量恢复，从而不断增强体能。通过反复这个过程，体能水平会逐渐提升。然而，如果训练、休息或营养中的任何一个环节不当，都可能影响体能的提升。如果你已经在训练中付出了很大努力，但体能没有如预期那样提升，那么可能存在以下几种情况需要反思：

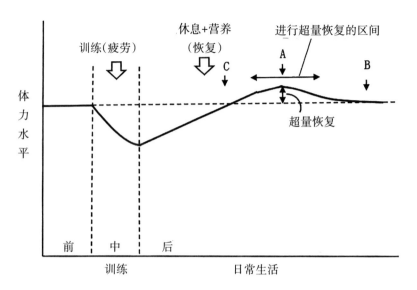

图2-8　体能提升示意图

1.训练适当，但休息和营养不足

休息不足和不良的营养习惯是导致体能无法提升的主要原因之一。确保你的休息和饮食计划充分支持你的训练。

2.休息适当，但训练不当

训练量过少或过多都可能影响体能提升。要确保训练计划合理，不过于极端。

3.训练间隔时间太长

如果训练的间隔时间太长，体能只能保持在一个平稳状态，无法提升。适当的训练频率是提升体能的关键。

4.训练间隔时间太短

如果在还没有完全恢复的情况下进行下一轮训练，可能导致过度训练，降低体能，甚至引发伤害。要确保给身体足够的时间来恢复。

总之，休息和恢复在训练过程中至关重要。只有在正确的休息和合理的恢复策略下，体能才能够不断提升。

3 高原登山

高原登山是地质体育重要且特殊的组成部分，它提供了理解地球科学和欣赏自然之美的机会。具体表现为以下五方面：

地质学知识的重要性：高原登山者通常需要了解山脉的地质结构、岩石类型和地形特征。这些知识有助于他们更好地理解山脉的形成和演化，以及可能的地质风险。地质体育爱好者也会在活动中应用地质学知识，例如识别不同岩石和化石。

安全和风险评估：在高原登山中，地质因素如冰川、岩石崩塌和雪崩可能构成威胁。登山者需要了解这些地质风险，并在行动前进行风险评估。地质体育活动也需要谨慎，以避免地质危险，如岩石崩塌或泥石流。

自然景观的欣赏：高山地区通常提供壮观的自然景观，如山脉、冰川和峡谷。登山者和地质体育爱好者都能欣赏到这些自然景观，并通过了解地质过程更深入地理解它们的形成。

教育价值：地质体育活动可以作为地球科学教育的一部分，珠峰科考等活动有助于传播地质学知识，帮助人们更好地理解地球的演化历史和自然环境。

自然保护：高山地区通常受到自然保护的关注，以保护脆弱的生态系统和地质景观。高原登山者和地质体育爱好者都需要遵守环保原则，以减少对自然环境的影响。

人类与高原地区的关系由来已久。在现代高原登山运动流行之前，人们就因宗教、贸易、军事、探险等目的而进行高原旅行，或者使用热气球等工具进行高空探险。在亚历山大大帝东征、玄奘印度之行、丝绸之路上的贸易活动、西班牙人对印加帝国的远征等文献中，都以明示或隐喻的方式记录了人们与高山病的斗争。可以说，在生理学的众多分支中，高原生理学是最古老且发展至今的领域之一。尽管与现代人相比，古代人更加迫切地需要这方面的知识，但如今只有登山者在征服高原

地/质/体/育/理/论/与/实/践

地区时才需要这一知识。本章将介绍低氧环境下人体的生理反应、高原登山者的体能特征、高原适应、高原登山策略、高原登山技能等内容，探讨如何在高原地区充分发挥身体的运动能力。

3.1 低氧环境下人体的生理反应

当身体置身于低氧环境中时，会出现多种生理变化。这是因为氧气是身体细胞进行代谢所必需的关键物质之一，而细胞代谢是维持身体正常运行的关键过程之一。以下是低氧环境对身体的影响。

第一，呼吸和心血管系统。身体会试图适应低氧环境，增加呼吸频率和深度，以及提高心率和血压，以增加氧气的供应和利用。这可能导致呼吸困难、心悸、头晕和乏力等症状。

第二，红细胞和血液。身体会增加红细胞数量和血容量，以增加氧气的输送。然而，长时间暴露在低氧环境下可能导致红细胞增多症，增加血液的黏稠度，从而增加心脏病和脑卒中的风险。

第三，肌肉和运动能力。在低氧环境下，肌肉的收缩能力和运动耐力可能会降低，因为肌肉需要氧气来进行代谢和产生能量。此外，低氧环境还可能导致肌肉疲劳和酸痛。

第四，大脑和神经系统。大脑和神经系统对氧气的需求非常高，因此，低氧环境可能会导致认知和神经功能受损。长时间暴露在低氧环境下，可能会影响智力发育、降低认知功能，甚至可能导致脑损伤。

总的来说，身体在低氧环境下会出现多种生理变化和症状，特别是长时间处于低氧环境中可能会对身体造成严重影响。因此，在进行高原登山等活动时，应尽量避免长时间暴露在低氧环境中，并采取适当的适应性训练和氧气供应措施来保护身体。

3.1.1 人体在高原的动脉血氧饱和度（SaO₂）

随着海拔的升高，身体将面临低氧、低压、低温、低湿度、强风、强日照等各种环境变化，其中对人体影响最显著的是低氧环境。19世纪后半期，法国生理学家保罗·贝尔（Paul Bert）被誉为高原生理学之父，他制造了钢铁减压室，亲自进入实验室以证实低氧会引发一系列生理问题，如视力下降、意识减退、思维能力下降等。这些症状在重新获得充足氧气后通常会消失。从身体活动到思维活动，人类生命活动都依赖于从空气中吸入氧气，并将其燃烧成能量。因此，随着海拔的升高，氧气浓度逐渐减少，导致身体的活动能力下降。几乎所有人在高山地区都可能出现高原反应的症状，包括头痛、运动时呼吸困难、倦怠、头晕、恶心、浮肿等。因此，预防高原反应对于进行高原登山等活动至关重要，尤其是在海拔较高的山地，如喜马拉雅山等地更需要格外小心。

为了衡量体内氧气供应的程度，人们发明了血氧仪。这种仪器通过夹住指尖（或耳垂）来测量心率和动脉血氧饱和度（SaO_2）。在氧气充足的低地区，通常接近100%（约为97%）。然而，随着海拔上升，SaO_2会逐渐下降。如图3-1所示，在海拔4000米时，SaO_2约为80%；在海拔7300米时，SaO_2约为50%；而在海拔8500米时，SaO_2约为30%。随着海拔高度的上升，SaO_2一开始缓慢下降，然后急剧下降。这些数值在急救医疗领域被认为是非常危险的。例如，当SaO_2下降至约80%（相当于海拔4000米）时，就需要在加护病房中进行氧气治疗；当SaO_2下降至约50%（相当于海拔7300米）时，可能导致脑细胞损伤；而当SaO_2下降至约30%（相当于海拔8500米）时，则可能导致死亡。

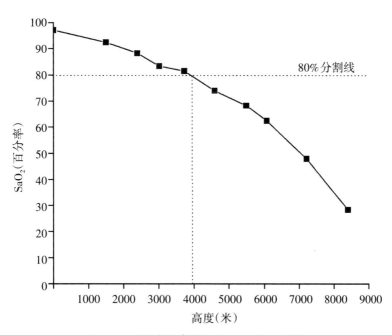

图3-1　随着海拔高度上升SaO_2的下降情况

高原反应通常在海拔约2500～3000米的高度发生最为频繁。因此，需要认识到，超过海拔3000米的山地被视为典型的高山。即使身体状况较差、年龄较大或心肺功能不佳的人，如果身处较低的高度，也可能患上高山病，包括肺水肿等严重病症。因此，高山区域需要格外谨慎对待。

3.1.2　高原地区中要视自己为呼吸病患者

在前往高原地区之前，让身体逐渐适应低氧环境非常关键。即使是身体强壮的登山者，在攀登高度不到4000米的山峰时，也可能受到高山病的威胁。但如果在登山之前花时间适应低氧环境，那么同一个人可能成功登顶8000米高的山峰，而不需要使用氧气瓶。

通过使用低氧室设备来模拟低氧环境。研究发现，平时生活在低地的人如果突然置身于8000米高的环境中，仅仅3分钟就可能会昏迷。但如果慢慢适应低氧环境，那么就可以存活数天，甚至还能进行轻度的身体活动。这也适用于呼吸系统疾病患者，因为他们面对的是氧气充足的环境，但由于呼吸器官功能异常，也会受到低氧环境的威胁。在高海拔环境下，登山者的身体状况可以通过血氧仪进行监测，通常情况下，SaO_2在80%以上的人身体状况良好，而在70%以下的人身体状况较差。尽管个体差异存在，但也可以得出结论，海拔约3500米和SaO_2约80%是高山病潜在发生的重要分界点。

由于不同人对低氧环境的适应程度有所不同，因此在不同的海拔高度上，人们可能会出现不同的症状。然而，在海拔约4000米，几乎所有人都会经历一些轻微的症状，这些症状可被视为身体发出的早期警告信号。如果不及时察觉这些症状或者不采取措施治疗，症状将会急剧恶化，演变成严重的高山病，包括肺水肿和脑水肿，最严重的情况可能导致死亡，就像呼吸系统疾病一样危险。但只要能够识别并适应低氧环境，症状将逐渐减轻，最终恢复正常状态，就像慢性呼吸系统疾病患者一样，他们逐渐适应了低氧环境。因此，当面临这种情况时，最终的结果完全取决于个人对自身健康的认知和对适应的重视程度。

在高原地区，我们建议将自己视为一个潜在的"呼吸系统疾病患者"，即使你可能在低地感觉很健康。因为有些人在高原地区可能会过于自信，即使明知不宜过度用力，也可能不自觉地给身体增加巨大负担。高山病的患病概率与个体体能和年龄有关，年轻人虽然身体强壮，却更容易患上高山病。事实上，肺水肿是高山病中致死率最高的类型，而15～25岁的年轻男性更容易受到影响。年轻人通常更容易过于自信，等到发现症状时可能已经到了无法挽回的地步。因此，在前往高原地区时，将自己视为"病人"，并根据个人体质慎重行事，是成功登山的关键。

3.1.3　挑战4000米的高度

在高原地区，不仅有海拔超过6000米的高山存在危险，而且海拔在4000米左右的地方也经常发生致命的情况。在海拔3500～4500米的范围内，肺水肿几乎是一种常见的疾病。据报道，在尼泊尔登山路线上设立的医疗站（位于海拔4240米处），约有24%的登山者在肺部听诊时会出现杂音，这可能是肺水肿的前兆。当人们到达海拔约4000米的高度时，由于低氧环境的影响，身体机能开始出现异常，例如红细胞计数增加，而这是在较低海拔不会出现的情况。突然从低海拔地区一口气攀升到2400～3000米的高度通常不太可能引发高山病，但如果一口气爬升到4300米左右，几乎所有人都会出现高反症状。因此，海拔约4000米的高度是人们在高原地区面临的第一个，也是最主要的低氧障碍。

对于那些以攀登海拔超过6000米的高山为目标的人，或者计划在海拔4000米左右的高山进行登山或徒步活动的人来说，海拔约4000米处的障碍是不可忽视的。然而，许多人常常低估了这一高度所带来的潜在危险。在中国，每年也有许多登山运动爱好者和普通人前往四姑娘山、哈巴雪山等地进行登山活动。尽管大多数人都能平安返回，但不幸的是，高原反应导致死亡的案例也时有发生，这表明人们对这一海拔高度潜在危险的认识仍然不足。

要在预防高原反应的同时最大限度地发挥登山运动潜力，需要具备以下要素：第一，基础体能；第二，高原适应性；第三，精心制订的高原登山计划；第四，高原技能，包括呼吸技巧、饮食技巧、行动技巧和生活技巧。这些因素将有助于提高人们在高原地区登山时的安全性和成功性。

3.2 高原登山者的体能特征

在高海拔登山运动中，什么样的体能特征是必要的呢？以下是对1986年瑞士生理学家和登山家Oswald Oelz发表的欧洲一流男性登山者身体机能数据的分析（表3-1）。

表3-1 欧洲一流登山者的身体机能特征

<table>
<tr><td rowspan="2">被试者（国籍）</td><td>R.Messner</td><td>M.Dhar</td><td>D.Scott</td><td>P.Habler</td><td>H.Engle</td><td>F.Mouche</td><td rowspan="2">均值</td></tr>
<tr><td>意大利</td><td>德国</td><td>英国</td><td>奥地利</td><td>德国</td><td>意大利</td></tr>
<tr><td>年龄（岁）</td><td>39</td><td>50</td><td>42</td><td>41</td><td>38</td><td>34</td><td>40.7</td></tr>
<tr><td>身高（厘米）</td><td>179</td><td>170</td><td>182</td><td>174</td><td>178</td><td>173</td><td>176.0</td></tr>
<tr><td>体重（千克/平方米）</td><td>69</td><td>68</td><td>81</td><td>60</td><td>79</td><td>70</td><td>71.2</td></tr>
<tr><td>BMI（千克）</td><td>21.5</td><td>23.5</td><td>24.5</td><td>19.8</td><td>24.9</td><td>23.4</td><td>22.9</td></tr>
<tr><td>肺活量（毫升）</td><td>4650</td><td>5250</td><td>6050</td><td>5550</td><td>6400</td><td>5550</td><td>5575</td></tr>
<tr><td>收缩压（毫米汞柱）</td><td>105</td><td>110</td><td>120</td><td>110</td><td>120</td><td>110</td><td>113</td></tr>
<tr><td>舒张压（毫米汞柱）</td><td>75</td><td>80</td><td>80</td><td>80</td><td>85</td><td>75</td><td>79</td></tr>
<tr><td>安静心率（次/分钟）</td><td>56</td><td>36</td><td>66</td><td>60</td><td>56</td><td>56</td><td>55</td></tr>
<tr><td>最大心率（次/分钟）</td><td>184</td><td>192</td><td>181</td><td>182</td><td>195</td><td>203</td><td>190</td></tr>
<tr><td>VO_{2max}（毫升/千克·分钟）</td><td>48.8</td><td>60.8</td><td>63.0</td><td>65.9</td><td>56.1</td><td>62.5</td><td>59.5</td></tr>
<tr><td>慢肌纤维比率（百分率）</td><td>67</td><td>72</td><td>—</td><td>70</td><td>66</td><td>76</td><td>70.2</td></tr>
<tr><td rowspan="3">登顶8000米以上山峰次数</td><td colspan="2">8000~8500米 无氧</td><td>10</td><td>3</td><td>2</td><td>1</td><td>1</td><td>1</td><td>—</td></tr>
<tr><td colspan="2" rowspan="2">8500米以上</td><td>无氧</td><td>4*</td><td>2</td><td>1</td><td>1*</td><td>1*</td><td>1</td><td>—</td></tr>
<tr><td>用氧气</td><td>—</td><td>1</td><td>1*</td><td>—</td><td>—</td><td>—</td><td>—</td></tr>
</table>

注："*"代表珠穆朗玛峰。

虽然这些登山者的具体身份未在文章中明确提及，但根据他们的名字缩写、国籍、年龄和登山经验，可以推测这6位登山者都曾攀登过海拔8500米高的山峰，经历了无氧爬升。以下是对他们身体特征的探讨。

一是年龄。这6位登山者的年龄在34～50岁，平均年龄为40岁。这个年龄跨度相对较大，但仍然能够保持在高水平的登山运动中。这表明不仅在高原登山领域，就连在一般登山和攀岩领域，只要保持持续的训练，人们可以在50岁时仍然保持出色的体能。这是登山运动的一个显著特点。

二是身高与体重。这些测试对象属于白种人，通常身材较高大，与东亚人相比较高。他们的身高和体重之间的BMI平均值为22.9，处于标准范围内。尽管存在一些个体差异，但整体上没有特别瘦或特别胖的趋势。以40岁的日本人为例，标准BMI值为23.0，与这些登山者的数据基本相符。

三是肺活量。肺活量随着年龄和体格的改变而变化。与年龄和身高相近的中国人（40岁、176厘米、4055毫升）相比，这些一流高原登山者的肺活量标准值要高出很多，达到了5575毫升，差异相当大（37%）。较大的肺活量有助于身体更有效地吸收氧气，高原居民的一大特点是他们的胸部发达，肺活量较大。因此，可以说一流登山者的体格特点与高原居民相似。

四是血压。这些一流高原登山者的收缩压较低，相比40岁的中国人（标准值为130毫米汞柱），差异达到13%。高原居民通常也有较低的血压。如果平原居民搬到高原居住，他们的血压也会下降。因此，在血压方面，一流高原登山者与高原居民存在相似性。日本的研究也发现，擅长高原登山运动的人通常血压较低。

五是心率。尽管安静心率在不同测量方式下会有所变化，但这些登山者的心率通常较低，相较于40岁的中国人（标准值为72.5次）低24%。其中，M.Dhar的心率仅为36次/分钟，可与一流的马拉松运动员媲美。这表明一流登山者的心脏表现年轻，其心跳储备能力也较高。一般来说，40岁的中国人的最大心率约为180次/分钟，而这些登山者的数值为190次/分钟，相对较高（5%）。心跳储备能力是指最高心率与安静心率之差，代表心脏的从容程度，这些登山者的心跳储备能力较强。

六是最大摄氧量。一流登山家的最大摄氧量通常在60毫升/千克·分钟左右，远高于一般人，这是高原登山所必需的核心能力。根据年龄不同，这些登山者的最大摄氧量为60毫升/千克·分钟，数值大多都在"超级"水平。这表明高原登山所需的最大摄氧量目标值应该设定在60毫升/千克·分钟，这一目标不仅适用于天赋卓越者，只要付出努力，任何人都有可能达到。然而，如果天赋出众但缺乏持续训练，也无法取得成功。因此，最大摄氧量为60毫升/千克·分钟作为登山者的目标值具有重要意义。

七是肌纤维的组成。肌纤维组成是指肌肉中快肌纤维和慢肌纤维的比例。一般人的肌肉中，这两种纤维大约各占一半。然而，一流运动员的肌纤维组成会适应其所从事的运动项目。例如，一流的短跑运动员通常快肌纤维比例超过70%，而一流的马拉松运动员慢肌纤维比例大多超过70%。这些一流登山家的慢肌纤维比例大约为70%，类似于国家级马拉松运动员的肌肉组成。这意味着他们拥有更多的慢肌纤维，有更强大的有氧系统能力，这在高海拔环境中特别有益。

高原适应性是一种复杂的生理现象，涉及多个因素，包括遗传和训练等。表3-1中的数据显示，一流的高原登山者具有适应高原运动和生活的身体构造优势，但这种能力的形成是一个综合的过程。从肺活量和肌纤维组成方面来看，这些特征受到遗传因素的影响更大。因此，一流的登山者在这些方面往往具备天生的优势。另一方面，一流的登山者通常也经历了严格的训练，包括心肺耐力训练和高原登山的实践训练等。这些训练可以提高血压、心率、最大摄氧量等生理指标，以及提高心理素质和应对高原环境的能力。

总体而言，高原适应性是由天赋和努力两个方面共同作用的结果。优秀的登山者往往具备天生的身体素质和遗传优势，同时也经过了严格的训练和实践。对于大多数人来说，通过适当的训练和实践，可以提高适应高原环境的能力，但要达到顶尖水平，则需要天赋的加持。

在进行高原登山之前，需要具备一定的基础体能。其中肺活量和肌纤维组成等能力是难以通过训练改变的，而其他的能力则可以通过训练得到很大程度的改善。在进行训练时，可以按照以下方法进行：

第一，增加VO_{2max}的类型：这种训练的相对强度高，适合短时间训练。除了提高VO_{2max}，还可以改善最大心率。

第二，提高AT的类型：这种训练的相对强度较低，适合长时间训练。除了提高AT，还可以降低血压，增加微血管数量。

在进行高原登山运动时，不能在VO_{2max}和AT训练上有所偏重，需要更加彻底地进行训练。此外，还需要注意以下几点：

适应性训练：在进行高原登山之前，需要进行适应性训练。可以在平原地区进行一定时间的有氧运动训练，逐渐适应高海拔的环境。也可以通过短期住在海拔较高的地方，逐渐适应高原环境。

力量训练：登山运动需要一定的力量支持，可以进行力量训练来提高身体的力量水平，还可以进行重量训练、体操训练等。

营养调整：在进行高原登山运动时，需要调整饮食，增加高能量、高蛋白的食物摄入。同时还需要多喝水，保持身体水分平衡。

合理休息：在进行高原登山运动时，需要合理安排休息时间，保证身体有充足的时间进行恢复。同时需要根据自身情况合理安排行程，避免过度劳累。

3.3 高原适应

高原适应是指人体在高海拔环境中，通过一系列生理和代谢适应的过程，以适应低气压和氧气稀缺的环境条件。这一过程需要相当一段时间，通常需要在高原停留数天至数周，身体逐渐适应并调整到适应高海拔环境中的气压和氧气含量等生理环境。

高原适应力和基本体能都是影响高原登山能力的重要身体能力因素。在前面的章节中已经介绍了体能部分。在本节中，我们将着重探讨适应力。如果要总结这两种能力并让登山者可以自行简单测量，那么体力的代表性生理指标应该是最大摄氧量（VO_{2max}），而适应力的指标则应该是动脉血氧饱和度（SaO_2）。表3-2总结了上述各项的性质和关系。

表3-2 体能与适应力

能力类型	代表性生理指标	描述
体能	最大摄氧量（VO_{2max}）	衡量身体对氧气的利用效率和有氧能力
适应力	动脉血氧饱和度（SaO_2）	衡量血液中氧气的饱和度,反映身体对低氧环境的适应能力

这两种能力在高原登山中都非常重要。体能，特别是提升最大摄氧量，可以提高身体在高原环境下获取氧气的效率。而适应力，通过维持足够的动脉血氧饱和度，有助于减轻高原反应症状，提高在高海拔环境中的生存和运动能力。

因此，在高原登山之前，不仅需要提高体能，还需要进行适应性训练，以帮助身体适应高海拔环境中的氧气稀缺情况。这两种训练方法的结合可以更好地让登山者应对高原挑战。体能与适应力的关系见表3-3。

表3-3 体能与适应力的关系

能力	体能	适应力
生理指标	最大摄氧量（VO$_{2max}$）	动脉血氧饱和度（SaO$_2$）
测量方法	平地测定	一定要在高原（低氧环境）测量
	必须在全力运动中测出当时最大值	原则上在安静时测量
训练方法	在平地或3000米以下的高原	必须在3000米以上的高原
	进行持续的运动会有改善	进行低强度持久性的运动效果最佳
备注	改善的原理十分清晰	改善的原理在科学上尚有不明之处
	训练原则已得到科学验证	训练原则多为经验法则

3.3.1 高原适应的复杂性

高原适应是一个复杂的生理过程，牵涉多个身体器官、组织、细胞，如肺部、心脏、血管系统、血液、肌肉、神经系统以及激素等。这些组成部分协同工作，以适应高原低氧环境，这一适应过程在不同个体之间需要的时间各异。有些人能够快速适应，而另一些人可能需要多年的时间。然而，高原适应的复杂性使其难以被科学系统地规范化。适应的机制和原理非常复杂，尽管我们可以通过监测动脉血氧饱和度（SaO$_2$）等指标来大致了解适应情况，但各个因素的适应原理仍然存在许多未知。因此，目前尚无法提供基于科学依据的明确的高原适应训练原则。

高原适应方法难以被科学实验系统化的主要原因在于每个人的身体都具有显著差异性。例如，多人前往同一个高原地区，有些人可能适应得很好，而其他人可能难以适应。同一个人在不同时间前往相同的高原地区，可能也会出现不同的适应状况。对于科学研究而言，面对如此差异性明显的对象，制定普适规律相当具有挑战性。即使像R.Messner这样无氧攀登过8000米以上高峰的专业登山者，也强调高原适应方法必须根据不同时间和场合进行灵活调整，只能根据具体情况采取应变策略。

我们现在所采用的高原适应经验法自古老以来就有，是无数登山者在实际探索中通过不断试验和错误积累的宝贵经验，具有一定的可信度。这些经验可以概括为

"阶梯式适应行动"或"昼夜高低原则"。简而言之，这意味着一旦到达高原，身体会开始适应低氧环境，但随之也会出现适应性下降。为了最大限度地减小适应性下降的幅度并提高适应能力，人们需要在白天逐渐适应更高的海拔，而在晚上则下降到较低的海拔以便身体休息。通过反复进行这样的训练，身体将逐渐培养出高原适应的能力。

迄今为止，要通过生理指标来确定高原适应程度仍然是一项具有挑战性的任务，但随着便携式血氧仪的发明，这一目标正变得越来越可能实现。

3.3.2 卓奥友峰的登山实验

在2015年春季，地大登山队的成员张某，得到了一次高原科学考察机会，将攀登西藏的卓奥友峰并钻取冰芯。他打算在此次登山中采用以前登山者使用的高海拔攀登方法，以亲身实验这些理论的有效性，并且寻找可能存在的问题。经过两个月的艰苦努力，他最终成功登顶，这不仅证实了之前的攀爬方法的有效性，还揭示了一些潜在问题。接下来，我们将基于这次登山所获得的数据，讨论这些问题，并思考如何进行改进，以使未来的登山运动更加顺利。

这次登山队由三名成员组成，分别是张某（23岁）、李某（36岁），以及来自尼泊尔的一名夏尔巴向导（45岁）。后两位成员每年都参与多次高原登山活动，并且已经多次完成了8000米以上的无氧登山。而张某在此之前的登山经验中，最高峰是慕士塔格塔峰（海拔7546米）。换句话说，张某在8000米以上高峰的无氧登山方面几乎没有经验，因此，他成为验证以往高原登山方法是否有效的最佳对象。

在出发前，张某将体能训练的重点放在提高最大摄氧量（VO_{2max}）上，这个训练方法在前文已经被明确定义。经过漫长的5个月艰苦训练后，张某的VO_{2max}从最初的52.6毫升/千克·分钟增加了9%，达到了57.3毫升/千克·分钟。值得一提的是，世界一流登山者的平均VO_{2max}水平在59.5~57.1毫升/千克·分钟。这说明张某已经接近了这个顶尖水平。

要科学验证一种高原适应方法是否有效，通常需要设置两组，分别是实验组A（使用该方法）和对照组B（不使用该方法）。然后，需要对这两组志愿者进行登山能力的显著差异验证，这被称为对照实验。一般来说，实验组A和对照组B的志愿者人数都需要超过8人，也就是说至少需要16名志愿者。然而，在高原登山运动中，由于种种条件限制，执行这种科学实验方式几乎是不可能的。因此，我们无法用科学方法来明确找到适宜的高原适应方法。

图3-2展示了这次登山活动的行动计划。登山队的营地（BC）位于海拔5700米的极高地点。因此，在进入营地之前，登山队队员首先在尼泊尔国内进行了约三周的预备登山和徒步训练，以让身体充分适应高海拔环境。

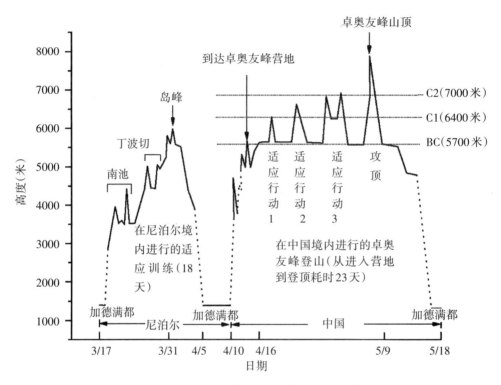

图3-2 以无氧方式登顶卓奥友峰行动计划

尽管登山队精心计划了适应活动，并进入了营地，但正式开始登山时，张某仍然经历了一系列轻微的高山病症状，包括发热、头痛、食欲缺乏、恶心、呕吐和腹泻等。与此不同，另外两位登山者几乎没有出现高山病症状。回顾本章第1节中的内容，高山病通常是由于体内缺氧引起的。图3-3显示了在营地测量的三位登山者的动脉血氧饱和度（SaO_2）和心率数据。与其他两位相比，张某的SaO_2较低，心率较高，这表明张某没有成功地完成高原适应过程。

张某最为困扰的问题之一是食欲缺乏，这导致了营养不良的情况。在这次登山结束时，他的体重下降了近12公斤。图3-4展示了三位登山者在登山过程中体重和身体成分的变化情况。张某的体重大幅下降，而且他的身体成分也出现了明显的变化，不仅身体脂肪大量减少，还丧失了部分去脂肪组织（主要是肌肉）。而其他两位登山者则没有出现这种趋势。

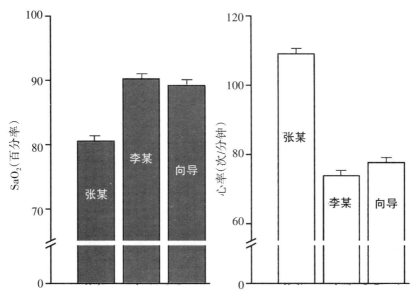

图3-3　卓奥友峰营地测量3人动脉血氧饱和度与心率

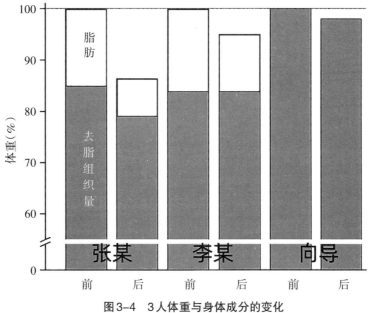

图3-4　3人体重与身体成分的变化

　　张某的肌肉量大幅下降，导致体力也极大地降低了。回国后，张某立即测量 VO$_{2max}$，结果变成48.8毫升/千克·分钟，而出发前往卓奥友峰前所测量的结果为 57.3毫升/千克·分钟，即使在针对攀登卓奥友峰的体力训练开始前，所测量的结果 也有52.6毫升/千克·分钟。这让人不得不质疑在出发前进行长达5个月的体能训练到底有什么意义。那么，到底是哪里出了问题，又该怎样改善呢？

3.3.3 体能与适应力之间没有相关性

在此次登山之前，我们曾认为增加体能（VO_{2max}）将有助于提高高原适应能力，即在低氧环境中维持较高的SaO_2水平。然而，结果显示，这两者之间似乎没有明显的相关性。

图3-5展示了在前往卓奥友峰之前和回国后，我们在模拟约等于4000米海拔的低氧环境中进行的低氧暴露实验，以观察SaO_2的降低情况。尽管登山前的VO_{2max}非常高，但SaO_2显著下降。而在登山后，VO_{2max}减少了，但SaO_2却不容易下降。

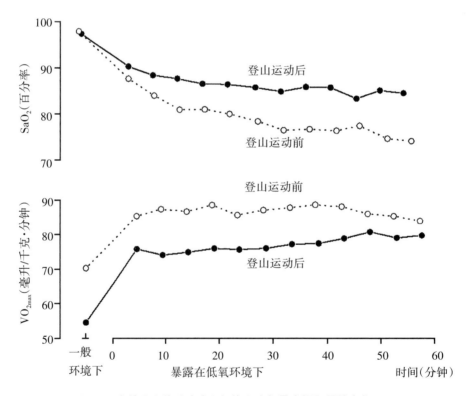

图3-5 张某登山前后动脉血氧饱和度与最大摄氧量的变化

图3-6则展示了对VO_{2max}非常出色的长跑运动员和VO_{2max}一般的人进行的低氧环境暴露实验，以观察SaO_2的下降情况。与长跑运动员的预期相反，两组的SaO_2降低程度几乎相同。这些数据表明，VO_{2max}与在低氧环境中维持SaO_2水平的能力之间没有明显的联系。换句话说，体能和高原适应能力是相互独立的。

3 高原登山

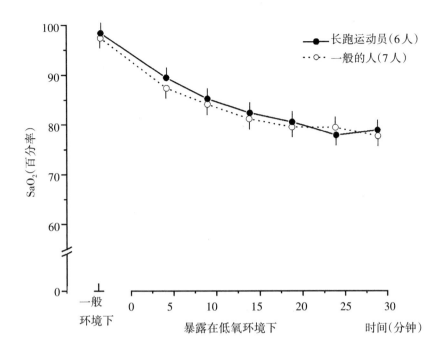

图3-6 不同人群在低氧暴露实验中动脉血氧饱和度的变化

正如前面章节所强调的，训练时需要考虑"特殊性原则"，在进行高原适应训练时，如果不在低氧环境中进行，就很难取得效果。换言之，即使在氧气充足的低地上进行大量训练，也无法培养高原适应的能力。因此，要培养高原适应能力，唯一的方法是滞留在高原或多次在高原和低地之间穿梭，前者称为滞留型适应训练，后者称为往返型适应训练。接下来，我将详细讨论这两种训练方法的效果和实施方式。

3.3.4 滞留型适应训练

滞留型适应训练是指在高海拔地区停留一段时间进行的训练方式，旨在让身体逐渐适应高海拔环境的低氧气压和气候条件，从而提高高原适应能力。通常，需要在高海拔地区停留约三周，这段时间内，身体会逐渐适应高海拔环境，包括增加红细胞数量、提高血氧含量和氧气输送能力，同时也适应了高海拔环境的气候和地形。这种训练方法对于登山和其他高海拔活动，如高原徒步和高原滑雪，都非常重要。

要进行滞留型高原适应训练，首先需要确定适宜的滞留高度和滞留时间。这可

· 107 ·

以通过研究过去登山团队的成功和失败案例来进行考虑和决策。这种训练有助于提高登山的成功率和安全性。

3.3.4.1 滞留高度

滞留型适应训练的滞留高度需要谨慎选择。成功案例中，大多数人选择在海拔约4000米的高原停留，例如英国登山队在攀登珠穆朗玛峰前三周停留在海拔4317米的丁波切以适应高海拔环境。其他成功案例包括在海拔3780米的地方停留一年，以及在海拔4000米左右的地方进行多周的适应训练。

然而，滞留得太高或时间太长可能会产生负面效果。1960—1961年的"银小屋"登山队就是一个失败的案例，他们在5800米处建造了小屋，停留了5个半月进行高原适应，结果在登山时队员们出现了脑水肿或肺水肿症状，不得不放弃登顶计划。

总之，要有效培养高原适应能力，滞留高度应该在3000米到5000米，而4000米左右是最适合的高度。到达这个高度后，动脉血氧饱和度会下降到80%，高山病的发病率也会增加，因此，4000米左右是最具挑战性但也是最适合进行高原适应训练的高度。人类身体与海拔高度的关系见图3-7。

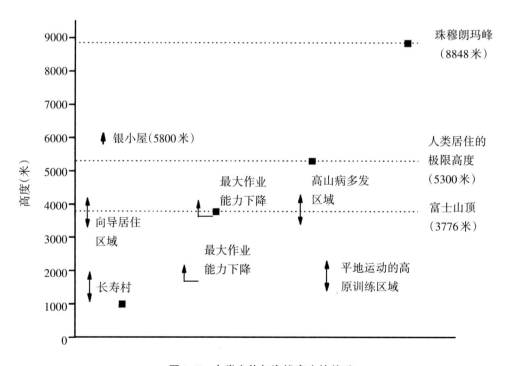

图3-7　人类身体与海拔高度的关系

3.3.4.2 滞留时间

登山家 D.Scott 曾言："只需在夏尔巴人居住的高度进行三周适应训练，几乎每个人都能轻松应对高原登山。"要在海拔约4000米的高度进行有效的适应训练，通常需要约三周的时间。根据经验和生理学研究，这段时间足以让身体适应高海拔环境，包括增加红细胞数量，以及为高原登山做好准备。类似地，平地的运动员在高海拔地区进行训练通常需要停留3~6周。研究表明，如果运动员每年进行3~6周的高原训练，效果更好。这个原则也适用于登山者，通过多次高原登山经历，高山病的发病率逐渐降低。

3.3.5 往返型适应训练

往返型适应训练是指在高海拔地区逗留一段时间，再返回低海拔地区，然后再次回到高海拔地区进行适应训练的方法。这种方法旨在利用第一次逗留期间身体在高海拔环境中发生的适应性变化，包括新陈代谢、呼吸和循环系统的调整。这些适应性变化使身体更容易适应高原环境，减少高山病的风险。操作方法包括首次到达高海拔地区后逗留1~2周，然后返回低海拔地区逗留，最后再返回高海拔地区进行适应。需要注意选择逗留的高度和时间，并密切关注身体状况，以减少潜在的健康风险。

3.3.5.1 往返型适应训练的效果

一个32岁的登山者（原大地社成员）计划攀登珠穆朗玛峰，他在登山前进行了往返型适应训练。训练前，他接受了基础身体检查，包括心肺功能、血液指标和肺功能等。在训练期间，他每周进行5次高原训练，每次1~2小时。在训练结束后，他再次接受了身体检查。训练前，他在海平面的 SaO_2 为98%，而在5000米高度时 SaO_2 下降至85%，并伴随高原反应症状，如头痛、恶心和食欲缺乏。经过4周的往返型适应训练，他的生理状况得到了显著改善。他的 SaO_2 在5000米高度上升至93%，高原反应症状明显减轻。在训练结束时，他成功攀登了海拔6300米的山峰，并且身体检查结果显示，他的心率、肺活量和血红蛋白水平有所提高，血压和血糖指标正常。此外，他的体重和体脂率略微下降，表明他在训练期间进行了适当的饮食控制和训练。这个案例凸显了往返型适应训练对提高登山者的身体状况和攀登能力的积极影响。

3.3.5.2 往返型适应训练的成功案例

攀登珠穆朗玛峰的马克·英格利斯（Mark Inglis）：马克·英格利斯是一位新西兰的登山家，他在攀登珠穆朗玛峰之前进行了往返型适应训练。他先前失去了双腿，使用义肢进行登山。他在训练中多次前往高原，然后返回低地进行康复和训练。这种往返型适应训练帮助他提高了身体适应高海拔的能力，最终成功登上了珠穆朗玛峰。

南极探险家欧内斯特·沙克尔顿（Ernest Shackleton）：欧内斯特·沙克尔顿是一位著名的南极探险家，他的探险队曾在南极大陆遭遇了严重的困境。为了提高他的团队对极端条件的适应能力，沙克尔顿采取了往返型适应训练。他的队员们在前往南极之前多次前往挪威的高山地区进行高原适应，然后再返回低地进行训练和准备。这帮助他们更好地适应了南极的极端环境，最终成功克服了重重困难。

喜马拉雅登山者安格·丽塔·夏尔巴（Ang Rita Sherpa）：安格·丽塔·夏尔巴是尼泊尔的夏尔巴人登山家，他成功攀登了喜马拉雅山脉中的多座8000米以上的山峰，包括珠穆朗玛峰。他的高原适应方法之一是多次前往高山地区，然后返回低地休息和恢复。这种往返型适应训练帮助他的身体更好地适应高山环境，使他能够连续攀登多座高峰而不受高山病的困扰。

这些案例凸显了往返型适应训练对于登山者和探险家在攀登高海拔山峰和挑战极端环境时的重要性。这种训练方法可以提高身体的高原适应能力，降低高山病的风险，从而增加登顶的机会。

3.3.6 适应训练与体能训练间平衡的重要性

适应训练和体能训练在提高登山能力和适应高海拔环境方面都起着关键作用，因此它们之间的平衡至关重要。适应训练主要旨在通过逐渐增加高原暴露时间和高强度登山活动，使身体适应高海拔环境，降低高山病等健康风险。体能训练则集中在提高肌肉力量、耐力和心肺功能，以增强登山能力和安全性。

然而，如果适应训练和体能训练的平衡不当，可能会导致问题。如果过于侧重适应训练而忽视了体能训练，登山者可能会在登山中体力不支，危及安全。相反，如果过于强调体能训练而忽视了适应训练，登山者可能在高海拔遭遇高山病等健康问题，同样也会威胁登山的安全。

因此，在登山前的训练计划中，需要合理地分配适应训练和体能训练的比例，并根据个体情况和登山计划来调整训练方案，以实现平衡。此外，不同类型的训练可以相互补充。例如，可以在适应训练中逐渐加入一些体能训练，以综合提升效果。

在高原登山中，体能是至关重要的，但在追求强体能之前，必须确保身体充分适应低氧环境。即使拥有卓越的体能，如果不能适应高海拔环境，也难以获得足够的休息和营养，最终会对体力造成损害。因此，平衡适应训练和体能训练对于高原登山和远足至关重要。以攀登珠穆朗玛峰为例，通过在西藏地区进行适应训练，有助于身体适应高原环境。然后，在进入大本营之前，进行适度的滞留型适应训练，进一步提高适应能力。这两种训练都是至关必要的，有助于提高登山的成功率和安全性。

因此，为了做好高原登山的准备，需要考虑以下详细建议。

体能训练：在相对较低的山脉或地区进行类似于目标山脉的登山活动，以提高基础体能。例如，如果计划攀登高山，需要进行冬季登山运动；如果有攀岩或攀冰路线，需要提前进行类似的训练；如果只是进行健行运动，可以以健行或轻登山活动为主进行锻炼。

适应训练：在离出发时间较近的时候，多次进入高原地区，让身体逐渐适应高海拔环境。为了切换到高原模式，必须将体能训练与适应训练相结合。具体的训练方案可以参考周期训练概念。最好在出发前能多次攀登目标山脉。例如，如果计划攀登珠穆朗玛峰，可以进行往返型适应训练，并在珠穆朗玛峰的营地逗留一段适当的时间；如果目标山脉距离较远，也可以考虑利用低氧室进行模拟高海拔训练。

3.4　高原登山策略

3.4.1　高度的划分

高原登山的难度与海拔高度密切相关，需要将山岳分为不同的高度区间来考虑。因此，可以将山岳分为三类：低山、中山和高山。

低山：指海拔低于3000米的山，登山者几乎不会受到高山病的困扰。

中山：指海拔在3000～6000米的山，即使没有进行充分的高原适应，登山者也有可能勉强克服高山病。

高山：指海拔在6000米以上的山，如果没有经过适当的高原适应训练，登山者在攀登时会受到高山病的困扰，很可能导致失败。

对于中等高度的山，例如登富士山（3776米）或勃朗峰（4806米），虽然没有进行充分的高原适应，登山者也可以完成攀登，因为攀登过程相对较短。然而，对于像乞力马扎罗山（5895米）这样的高山，攀登时需要在短时间内爬升大量高度，缺乏充分适应的登山者往往受到高山病的影响，导致攀登失败。但是，在攀登过程中，停留在某一高度进行适应行动可以提高成功登顶的机会。这也再次证明了在4000米左右进行适应训练的重要性。然而，对于更高的山峰，如阿空加瓜峰（6962米），登山者必须采用反复往返式的适应行动，先爬升一段高度，然后下降到较低处休息，重复这个过程多次，才能成功登顶。这种攀登方式对适应的要求更高，如图3-8所示。

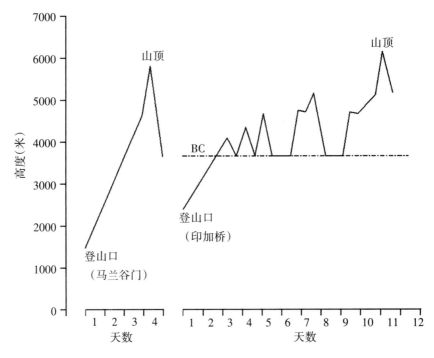

图3-8 阿空加瓜峰登山计划

3.4.2　攀登中山与高山的区别

攀登中山和高山需要采用不同的攀登策略和适应训练方法，这两者之间存在着关键的差异。攀登中山的关键在于克服海拔4000米的高度差，虽然可以勉强攀登，但为了确保安全和舒适，进行海拔4000米的适应训练是至关重要的。在攀登中山之前，需要进行充分的高原适应训练，包括在海拔3000～4000米的地方停留2～3天，以使身体逐渐适应高海拔环境，减轻可能出现的高山病症状。此外，适当的体育锻炼以及足够的水分和营养摄入也是必不可少的。攀登高山的挑战在于克服更高的高度，通常涉及克服海拔4000～6000米的高度差。在攀登4000米高度差之后，需要进行充分的高原适应训练，以适应海拔6000米的高海拔环境。这种适应训练通常采用往返攀登的方式，即在海拔6000米左右进行往返攀登，每次逗留时间不宜过长，以防止身体的适应程度下降。在适应训练期间，必须保证充分的休息和饮水，并根据身体状况及时调整训练计划。此外，攀登高山还需要携带适应高海拔环境的装备和药物，以应对可能出现的高山病症状和气候变化。

因此，在攀登中山和高山时，需采用不同的适应训练方法。攀登中山的关键在于克服海拔约4000米的高度差，这需要充分的高原适应训练以适应这一高度。而攀登高山则需要在克服4000米高度差后进行往返型适应训练，以适应海拔约6000米的高海拔环境。

3.4.3　攀登8000米高峰的策略

3.4.3.1　基本原则

攀登8000米以上的高峰需要精心制定策略，考虑到各种因素，以下是攀登8000米高峰的基本原则，假设没有时间和金钱上的限制，并且具备一定的技能水平。

1.第一阶段

克服4000米高度障碍。这个阶段需要至少3周的时间，在此期间，必须进行4000米高度障碍的适应训练，以确保在攀登高峰时能够安全舒适地进行。这个阶段的关键是适应4000米左右的高度。

2.第二阶段

克服6000米高度障碍。这个阶段需要3～4周的时间。在此期间，需要进行往返于6000米高度的适应训练，并在适应期间穿插休息日。在攀登8000米高峰之前，必须在6000米和7000米的高度停留至少一晚。因此，需要在6000米高度进行适应训练，并在不给身体造成负担的前提下在此高度留宿一晚。

第一阶段和第二阶段合起来需要6～7周的时间。值得注意的是，如果进行了充分的适应训练，第一阶段的时间可以缩短。

图3-9显示了在实际的高原登山运动中，从超过3500米的高度开始到达不同高度所需的时间。根据对305名欧美登山者的调查，平均而言，从超过3500米的高度开始，需要的时间如下：到达6000米约需2个星期，到达7000米需要3个星期以上，到达8000米需要4～5个星期，到达珠穆朗玛峰山顶则需要6个星期左右。因此，在制订登山计划时，最好预留较长的时间。

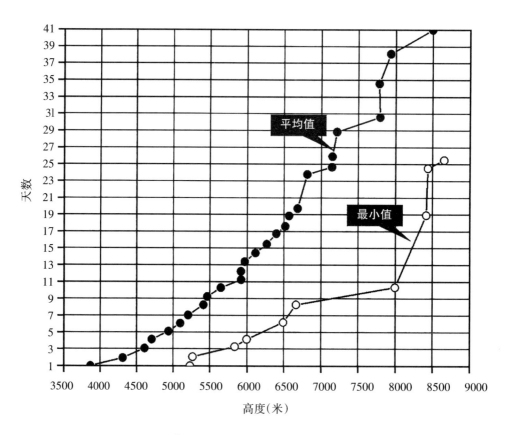

图3-9　高原登山时，到达某一高度所需要的天数

需要特别注意的是，无论是平均值还是最小值，一旦超过8000米高度，所需的时间会急剧增加，这表明在8000米左右存在相当大的障碍。许多有经验的登山者也证实，在8000米以上的高度，身体的不适和受到的损害完全不同。因此，在攀登8000米高峰时，必须非常谨慎和详细地计划，全面考虑适应性训练和克服不同海拔的障碍，以确保安全。

3.4.3.2 无氧攀登8000米山峰的原则

无氧登山是指攀登高海拔山峰时不使用额外氧气的一种方式。其可行性取决于登山者的身体状况、高海拔适应能力和行动计划的具体细节。大多数登山者可以考虑攀登卓奥友峰（海拔8201米）的无氧登山，但需要遵循一些基本原则。

在进行高海拔登山前，适应训练至关重要。在登山前数月，登山者应进行有针对性的体能训练，以增强身体的耐力和肺活量。此外，为了适应高海拔环境，登山者应尽可能多地参与高海拔徒步活动，以帮助身体适应海拔高度的变化。在攀登过程中，适当的休息和恢复时间也非常重要。登山者应在登顶前留出足够的时间来进行适应和休息，以避免身体过度疲劳，减少潜在伤害的风险。此外，行动计划的细节也需要仔细考虑，包括登山路线、天气预报、食品和水的储备、安全装备等。在登山之前，必须对这些细节进行详细规划和准备，以确保登山的顺利进行。

虽然无氧登山具有一定风险，但对于一些经验丰富的登山者来说，这是一种挑战自我的方式。然而，需要注意的是，无氧登山并不适合所有人。登山者应在参加此类活动前，了解自己的身体状况和适应能力，并只有在有经验和充分准备的情况下才考虑进行无氧登山。

综上所述，无氧登山是攀登高海拔山峰的一种挑战方式，需要登山者具备足够的身体适应能力和经验。在行动计划中，必须考虑到细节和安全措施，以确保登山的顺利进行。

3.4.3.3 使用氧气攀登8000米山峰的原则

1. 静止时

使用氧气登山可以使登山者在高海拔环境中更加轻松。如图3-10所示，该图是大地社登山队队员李某在攀登珠穆朗玛峰时测得的数据。在海拔7000米以下，如果不使用氧气，随着高度的增加，人体的动脉血氧饱和度（SaO_2）会逐渐下降。但是在C5营地（海拔约7700米）以上使用氧气后，人体的SaO_2显著上升，尤其是在海拔8300米的C6营地，使用氧气后SaO_2的值比在营地测得的值还要高。这说明在高海拔环境下使用氧气可以显著提高人体的动脉血氧饱和度，使人在静止状态下更加轻松。

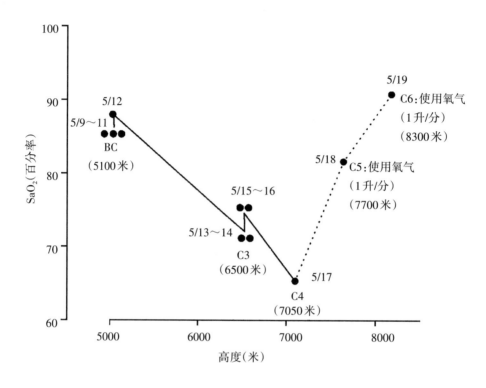

图3-10 进行珠峰攻顶时，李某在各营地起床时的动脉血氧饱和度监测值

在实际行动中，使用氧气还可以减轻身体的负担，提高运动能力和耐力。例如，使用氧气可以降低心率和呼吸频率，减轻肌肉疲劳感，从而让登山者更轻松地攀登高山。但需要注意的是，使用氧气并不能完全替代人体自身适应高海拔环境的过程。在长期登山中，逐渐适应高海拔环境仍然至关重要，以确保身体的健康和安全。

此外，使用氧气会增加登山的成本，增加对氧气瓶的依赖性，并引入携带和使用氧气的额外风险。因此，许多登山者仍然选择不使用氧气进行攀登，以挑战自己，提高登山技能，并体验更为纯粹的高山攀登。

2.运动时

使用氧气登山可以在高海拔环境中提供更轻松的登山体验。它不仅能够在静止时提高人体的动脉血氧饱和度，还能在运动时减轻身体负担，提高运动能力和耐力。然而，需要明确的是，使用氧气并不能完全替代人体自身适应高海拔环境的过程。因此，在长期的高山攀登中，逐渐适应高海拔环境仍然至关重要，以确保身体的健康和安全。

图3-11是新西兰登山家R.Hall使用氧气攀登珠峰的行动模式，他曾使用该模式公开招募登山队，以高登顶成功率被大家所熟知。

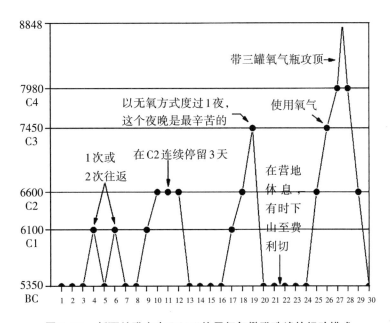

图3-11　新西兰登山家R.Hall使用氧气攀登珠峰的行动模式

在运动时，使用氧气可以降低心率和呼吸频率，减轻肌肉疲劳感，使登山者更轻松地攀登高山。根据曾山（1992）的估算方法，每分钟吸氧2升相当于以无氧方式攀登到7200米高度，每分钟吸氧4升相当于以无氧方式攀登到6200米高度。即使使用氧气攀登8000米高峰，仍然需要进行适应训练，以克服海拔6000米的高度差。这是因为使用氧气无法完全模拟高海拔环境，还需要考虑氧气瓶可能发生故障或用尽的情况。适应训练可以提高身体适应高海拔环境的能力。

攀登8000米高峰时，通常无法进行多次往返攀登，攻顶时需要一次性跨越未知的高度差，这对身体和心理都是巨大的挑战。因此，使用氧气攀登虽然能够在不进行长期适应训练的情况下登上8000米高山，但这仅仅依赖于氧气，并没有使身体真正适应高海拔环境的实质性改变。因此，必须有心理准备，理解一旦氧气用尽，将无法保证安全。为了提高安全性，必须正确评估自己的适应程度与所达到的高度之间的关系，如图3-12所示。

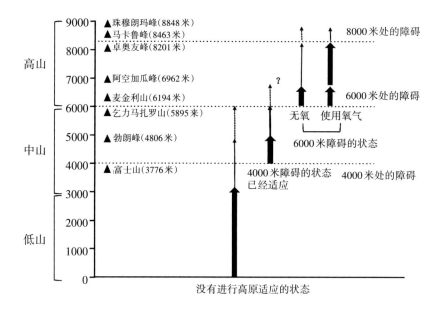

图3-12 海拔高度对登山能力及高原适应造成的影响

3.5 高原登山技能

在高原登山中，除了体能和适应能力外，个体的身体控制能力也会对行动能力和生活能力产生显著影响。本节将探讨如何充分发挥自身的身体潜力，以应对高原登山所需的技能。

3.5.1 高原呼吸

3.5.1.1 有意识呼吸的重要性

呼吸是维持生命不可或缺的要素，然而在氧气充足的低地区或低山，我们通常无需特意关注呼吸，因为它是无意识的。然而，在高原等氧气稀薄的地方，有意识地控制呼吸变得至关重要，因为它可以预防或改善高山病，同时提高登山能力。在东方国家，古代至今一直重视呼吸法的练习，如坐禅、气功和瑜伽等。研究表明，在氧气稀薄的环境中进行有意识的呼吸，特别是腹式呼吸，可以提高动脉血氧饱和度（SaO₂）和降低心率，效果可以媲美吸入氧气的效果。人体的呼吸通常是无意识的，但也可以有意识地掌握，这是呼吸的独特之处。人体的大脑中有两种呼吸中枢，即不随意中枢和随意中枢。在氧气充足的平地或低山，只进行无意识的呼吸通常不会引起问题。然而，在氧气稀薄的高原地区，无意识的呼吸可能导致氧气不足。研究表明，在低氧环境中，不同人群的换气量（呼吸时进出肺部的空气量）和SaO₂存在差异。一些人在高原环境中很难增加换气量，因此更容易患上高山病。这意味着在高原，那些难以增加换气量的人需要特别有意识地进行正确的呼吸以提高血氧水平。有意识地进行正确的呼吸可以成为登山者在高海拔环境中提高登山能力和预防高山病的有力工具。

历史上，一些登山家和科学家也认识到呼吸对在高海拔环境中登山的重要性。例如，18世纪的瑞士科学家H. Saussure提到，在登上勃朗峰时，他注意到在山顶附近呼吸困难，但通过深呼吸后，能够连续走更多的步数。另一位19世纪后半叶活跃于阿尔卑斯山的登山家E.Zsigmondy和生理学家W.Paulk也提到，在出现高山病症状时，通过冷静下来进行深呼吸可以明显改善症状。

总之，有意识地掌握呼吸技巧对于在高海拔环境中的登山非常重要。通过练习和培训，登山者可以提高血氧水平，改善心率，提高登山能力，并减轻高山病症状。因此，在高原登山前，了解和实践正确的呼吸技巧是必要的。

3.5.1.2　呼吸法有效的原因

呼吸法之所以有效，尤其是腹式呼吸，是因为它们引入了一系列有益的生理和心理效应，有助于提高身体的整体功能和心理状态。以下是这些呼吸法有效的原因：

1.增加氧气摄入量：腹式呼吸鼓励更深、更有规律的呼吸，使肺部能够更有效地吸收氧气。这有助于提高血液中的氧气含量，改善身体的氧气供应。

2.促进二氧化碳排除：深呼吸可以有效地排除二氧化碳，这是身体产生的废物气体。通过减少二氧化碳在体内的积累，腹式呼吸有助于维持酸碱平衡，提高身体的生理功能。

3.刺激迷走神经：有意识的深呼吸刺激迷走神经，这是自主神经系统的一部分，负责调节心率和促进身体的放松反应。这有助于减轻焦虑和压力，使人感到更加冷静和平静。

4.提高心率变异性：腹式呼吸可以增加心率的变异性，这是心脏健康的重要指标之一。心率变异性是心脏适应压力和应激的能力，与心血管系统的健康密切相关。

5.加强心肺功能：有意识的深呼吸能锻炼肺部和呼吸肌肉，增强心肺功能。这有助于提高身体对氧气的利用效率，减轻肺部负担，增加体力和耐力。

6.改善专注力和冷静：有意识的深呼吸需要集中注意力，因此有助于提高专注力。此外，它还有助于放松身体和情绪，提高冷静度。

7.缓解高山病症状：在高海拔地区，腹式呼吸可以提高血氧水平，减轻高山病症状的严重程度，因为高原地区通常氧气含量较低。

虽然呼吸法的生理效应已经得到一定程度的科学解释，但仍有一些效应尚未完全理解。然而，通过实践，很多人都能亲身感受到呼吸法的益处，因此，它们一直被广泛采用，特别是在健康、冥想和放松练习中。

呼吸是人体生命中至关重要的功能之一，通过呼吸，我们摄取氧气，以供细胞代谢和生命活动。特定的呼吸方式可以增加吸入体内的氧气量，有助于改善氧气供应情况，尤其是在氧气稀薄的高原等地。

通常的呼吸方式是小吐小吸的模式，每次吸入的氧气量相对较少，这在氧气稀薄的高原地区可能导致氧气不足问题。通过采用深沉且缓慢的呼吸方式，特别是在吐气时，可以排出肺部的废气，让新鲜空气更多地进入肺部，从而增加吸入体内的氧气量，改善氧气供应情况。此外，有一种呼吸方法是在吐气时将嘴巴嘟起，这种做法可以增加肺内部的压力，促使微小气管更好地打开，确保新鲜空气能够到达肺部的每一个角落，进一步增加吸入体内的氧气量。

这些呼吸技巧在一些文化和医疗实践中有广泛应用，例如夏尔巴人使用的"像吹笛子般"的呼吸法，以及一些呼吸疾病患者采用的大口吸气后暂时闭气数秒钟的方法，都旨在提高肺内部的压力，增加吸入体内的氧气量，从而改善氧气供应情况。这些呼吸技巧在高海拔地区和特殊情况下可以帮助人们更好地适应氧气稀薄的环境。

在高原登山中，减少不必要的氧气消耗至关重要。有时候，当我们感到紧张或焦虑时，会不自觉地采取一种大口呼气的方式，以缓解情绪。这种呼吸方式可以降低血压、减缓肌肉紧张、减少神经兴奋等，从而有助于身心的放松。特别是在长时间、缓慢、深沉地呼气时，这种效果更为显著。因此，许多呼吸法都建议将更多的时间用于呼气，例如，将呼气时间延长到吸气时间的两倍。

这种呼吸方式之所以在高原登山中非常重要，原因在于缺氧的情况。在高原地区，由于氧气稀薄，人体可能会出现哮喘、头痛、恶心等不适症状，如果此时全身肌肉处于紧张状态，将增加氧气的消耗量，导致缺氧症状更加严重。因此，通过采用呼吸法来放松身体，可以减少不必要的氧气消耗，有助于缓解症状，提高在高原环境中的舒适度。这一点可以类比呼吸疾病患者的情况，他们在缺氧的情况下常常出现气短、呼吸急促等症状。通过放松身体肌肉，缓解缺氧现象，症状会得到改善。在高原登山中，采用类似的原理，通过呼吸法来减轻身体的紧张，有助于改善缺氧症状，提高登山的舒适度。

3.5.1.3　避免过度呼吸

如前所述，有意识的呼吸法对身体非常有效，但需要注意采用正确的呼吸方式，因为不正确的呼吸法可能会对身体造成损害，尤其是过度呼吸。尽管在高原使用血氧仪监测动脉血氧饱和度（SaO_2）的情况下，采用大口又快速的呼吸方式可以使SaO_2值最高，但如果长时间使用这种呼吸方式，就会出现心悸、呼吸困难、晕眩、抽搐、惊厥等症状，即过度换气综合征。大口快速呼吸虽然可以吸入更多氧气，但同时也会排出二氧化碳。而二氧化碳是调节体内酸碱平衡的重要物质，过度呼吸会导致二氧化碳过度排出，使体内变得过于碱性，引发过度换气综合征。

此外，激烈呼吸还可能引发其他问题。在高原地区，空气通常又冷又干燥，激烈呼吸会导致体内水分大量丧失，甚至可能导致体温下降到危险水平。过度使用呼吸肌肉也可能耗费过多能量，导致呼吸肌肉过度疲劳，甚至无法正常呼吸。

因此，在高原地区，建议采用深沉、缓慢的腹式呼吸方式，以保持呼吸肌肉的适当使用，同时避免二氧化碳、水分、体温和能量的不必要丧失。

3.5.1.4　呼吸法的训练

呼吸法在高原环境中能够提高人体适应能力，但要想让正确的呼吸法在无意识中自然而然地进行，需要进行数月或数年的平地训练。即使在高原环境中，只要能够坚持练习，也能获得相当的效果。建议在每天的某个固定时间和地点进行呼吸练习，并将其与其他活动结合在一起，如坐禅或伸展运动。这样做可以帮助我们养成呼吸习惯，让呼吸法变得更加自然和有效。

在进行呼吸练习时，可以尝试使用正向法，这是一种简单而有效的方法，可以在空间狭小的帐篷中进行。此外，唱歌、说话、诵经等也是腹式呼吸的方式，这些活动在不知不觉中培养了良好的呼吸习惯。观察夏尔巴人的生活可以发现，他们经常说笑、唱歌、诵经，这可能是他们适应高原环境的秘诀之一。

如果有血氧仪的话，可以在进行呼吸练习的同时监测动脉血氧饱和度的变化，这种方法被称为生物反馈疗法。这样可以帮助我们找到最有效的呼吸法，以便更好地适应高原环境。

需要注意的是，在高原环境中，注意力和意志力可能会变得迟钝，所以要事先设定好进行呼吸练习的场所和地点，并坚持练习，才能有效地适应高原环境。

3.5.1.5 高原睡眠时的呼吸

高山病往往在夜间睡眠时发作或加重，这是因为在睡眠时呼吸会变得浅，呼吸次数减少，同时姿势和舌根下沉等因素可能影响呼吸道，导致体内氧气供应不足。对高原登山者进行的研究发现，在夜间睡眠时，动脉血氧饱和度（SaO_2）会明显下降，这进一步说明了高山病在夜晚睡眠时更容易发生。类似的情况也出现在低海拔地区，这被称为睡眠呼吸暂停综合征，是一种在睡眠中呼吸暂停多次导致氧气供应不足的疾病。这种情况更常见于肥胖和中老年男性，他们更容易出现高山病的症状。因此，在前往高原地区之前，最好进行健康检查，以确保身体状况良好。

高山病症状在患有高山病的人身上更容易显现出来。令人意外的是，这种症状比我们通常认为得更为普遍，甚至有医生指出 10% 的男性都是潜在的高山病患者。因此，在前往高原地区之前，进行身体健康检查是很明智的选择。由于人在睡眠时无法自觉地控制呼吸，因此体内的氧气供应在这个时候是相对无法自我保护的。一些人建议在夜间选择低海拔地区休息，以确保足够的氧气供应。研究结果表明，预防高山病的药物（diamox）虽然对清晨醒来后的呼吸没有太大影响，但却在夜间睡眠时有效地增加了呼吸量。

图 3-13 展示了在登山过程中不同呼吸方式、体位、睡眠和吸氧等因素对动脉血氧饱和度（SaO_2）的影响。图 3-13 中显示，相同海拔下，不同活动状态下的 SaO_2 值存在显著差异。腹式呼吸可使 SaO_2 值高于普通呼吸的 SaO_2 值，坐姿的 SaO_2 值高于卧姿的 SaO_2 值。在进行相同活动时，SaO_2 值呈现为营地＞C1＞C2 的递减趋势。在不同活动情况下，SaO_2 值的顺序有时会发生颠倒。例如，在 C1 清晨时的 SaO_2 值高于夜晚在营地睡觉时的 SaO_2 值；在 C2 清晨时的 SaO_2 值高于在 C1 夜晚睡觉时的 SaO_2 值；在 C2 进行腹式呼吸时，SaO_2 值高于在营地进行普通呼吸和在 C1 卧姿进行普通呼吸时的 SaO_2 值；在 C2 吸氧时，SaO_2 值高于在营地坐着进行普通呼吸时的 SaO_2 值。因此，在特定的海拔高度，采用一些方法来保持较高的 SaO_2 值，有助于身体适应高山环境，减少高山病的风险。

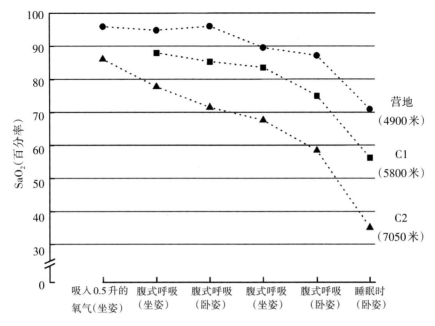

图3–13　呼吸方式、身体姿势与SaO₂关系

3.5.2　高原的步行方式

在高原地区行走时，我们需要考虑呼吸对运动的影响，特别是当氧气供应减少时。在这种情况下，适度降低步行速度非常重要。一般来说，当我们身处高原，氧气含量降低到相当于海平面2/3时，我们应该将步行速度减慢到原来的2/3；当氧气含量降至海平面的1/2时，步行速度应减至原来的1/2；当氧气含量降至海平面的1/3时，步行速度应减至原来的1/3。通过这种方式，我们可以避免身体因氧气不足而过度疲劳，减少高山病的风险。

如果发现步行速度过慢，可以考虑采用交替行走的方法，也就是进行短暂的步行后休息，然后重复这个过程。这种方法可以帮助身体更好地适应高原环境，减轻疲劳感。需要明确的是，这里的交替行走并不是停止行动，而是在行走和休息之间找到平衡，让身体逐渐适应高原环境。

3.5.2.1　缓慢步行的技巧

要实现缓慢步行，与正确的呼吸法一样，虽然我们明白这个原则，但在实际执行时却可能会面临困难。这是因为我们平时习惯了在低山地区较快的步行速度，这种行为习惯已经深深烙在我们的脑海中，因此在不经意的情况下容易加速步伐。特别是对于年轻人或没有高原经验的人来说，他们可能会忽略正确的步行方式，仅仅凭借体力逞强，这会增加高山病发生的风险。因此，就像呼吸方式一样，步行方式也需要有意识地进行管理，这点非常重要。以下是几个掌握正确步行方法的要点。

1.控制心率

有经验的登山者在低山地区行走时，其心率通常在每分钟140～150次/分钟。但在高原行进时，以相同的心率行走会对身体造成过度负担。因此，需要将心率控制在每分钟135～145次/分钟。考虑到个体差异很大，登山者找到适合自己的心率范围非常重要。在适应程度不足的阶段，登山者更应该将心率保持在较低水平，以保持缓慢的步行速度。在高原步行时，由于衣物较厚重，测量心率可能有些麻烦，还有几种简便的方法可以使用，如手动计数脉搏跳动次数，使用带有心率功能的手表，或使用智能手机上的心率应用程序。

2.主观感知运动强度

从主观感知运动强度的角度来看，适宜的步行速度是那种让你感到"稍微有点疲惫"的速度。如果你以"非常累"或"非常疲惫"的速度前进，虽然当时可能没有问题，但很容易在当天晚上或第二天患上高山病。

3.计算步数

日本登山家上村博道曾提出一种方法，即通过每分钟的步数来决定适宜的步行速度。他建议在上坡地段以每分钟40步左右的速度前进，在平坦地段以每分钟50步左右的速度前进。这种方法既简单又具体，非常实用，可以让登山者感到步行更加轻松，同时减少高山病的风险。

3.5.2.2 不能慢走的特殊情况

有些情况下，高原登山要求进行强度更高的运动，而无法一直保持缓慢的步行。举例来说，攀登8000米以上的高峰通常需要在攻顶前经历长时间的极端艰苦运动，这是不可避免的。此外，一些登山运动，如攀岩和攀冰，要求登山者发挥最大潜力，甚至在极端情况下也难以控制呼吸，就像呼吸疾病患者全力狂奔一样。这些活动对心肺功能要求极高，因此登山者必须经过充分而高强度的平地训练，以增强心肺功能。

3.5.3 高原饮食

高原登山的饮食至关重要。之前已经提到，碳水化合物在低山步行时的重要性，对高原登山也同样适用。在高原地区，碳水化合物的摄入有以下几个优点：首先，由于碳水化合物在能量转换时所需的氧气较少，相比脂肪而言更为节省氧气。因此，通过摄入富含碳水化合物的食物，可以有效节省宝贵的氧气资源。其次，有研究表明，提前补充碳水化合物可以增强肺部的弥散功能，提高动脉血氧饱和度（SaO_2），减轻高山病症状，并增加体内的二氧化碳含量，这对于高原环境下的呼吸至关重要，因为在高原上呼吸量增加，容易导致二氧化碳不足。

与食用普通食物相比，摄取纯碳水化合物可以将身体感受到的高度降低300～600米。由于高原登山需要花费很长时间，因此，除了碳水化合物之外，身体还需要充足的脂肪、蛋白质、维生素、矿物质等各种营养。然而，由于高原环境下食欲缺乏、消化吸收能力降低，或者因为在高山缺乏食物供应等原因，有时难以摄取足够的营养。

总结以往的研究和报告，我们可以得出结论：在海拔5000米以下，登山者的体重可以保持稳定，但如果攀登高度更高，那么体重减轻将不可避免。通常情况下，由于营地通常设置在5000米以下，因此最好在这个高度充分摄入均衡的营养。而在营地以上的高度，碳水化合物的摄入应该成为重点。

在高原地区，特别需要关注以下营养素的摄入：维生素E、C，β-胡萝卜素以及铁和钙。这些维生素可以帮助阻止活性氧的生成，而铁是红细胞的重要组成部分，在高原环境中，红细胞数量增加，对铁的需求也增加，特别是对于女性来说，生理期可能导致铁的缺乏。

制定正确的高原登山饮食策略对于维持身体健康和提高登山表现至关重要。以下是一些高原饮食的建议：

均衡饮食：在高原地区，食欲可能会减退，而消化吸收能力下降，因此需要特别关注饮食的均衡，确保蛋白质、碳水化合物、脂肪、维生素和矿物质等各种营养物质的摄入。

补充碳水化合物：在高原地区，摄入高碳水化合物的食物可以节省氧气，并增强肺部弥散功能，提高动脉血氧饱和度，减轻高山病症状，同时增加体内的二氧化碳含量。

控制食量：在高原环境中，需要谨慎控制食物摄入量，避免吃得太多或太少。可以采用多餐少食的方式，确保每餐的食量适中。

选择易消化的食物：由于高原环境中的消化吸收能力降低，因此需要选择易于消化的食物，如面条、稀饭和面包，同时避免油腻或难以消化的食物。

补充能量：高原登山会消耗大量能量，因此需要特别注意补充能量。可以选择高能量、易消化的食物，如巧克力和饼干等。

总之，在高原环境中，正确的饮食策略对于保持身体健康和提高登山表现至关重要。需要确保饮食均衡，特别要关注碳水化合物和各种营养素的摄入。

3.5.4　高原饮水

1953年的英国登山运动队首次成功登顶珠穆朗玛峰，他们的成功背后有一支学术登山队，由生理学家G.Peu领导，前往卓奥友峰进行各种研究，其中包括高原环境下补充水分的重要性。在高原地区，由于呼吸频率增加和吸入干燥寒冷空气，人体更容易失去水分，同时腹泻等情况也容易导致脱水。根据他们的研究，高原登山者每天需要摄入4升水，包括食物中的水分。

然而，高原环境下，人的饮水欲望通常会减退，这意味着如果不刻意饮水，每天摄入4升水可能会很困难。因此，判断是否有足够饮水可以观察尿液的颜色和量，清澈且大量的尿液是一个好的指标。一些专家建议，一天至少应该排尿1.5升以上。此外，建议避免喝冷水，而是选择温水、热茶或果汁等。

在高原登山中，制定正确的饮水策略至关重要。以下是一些建议：

喝足够的水：高原环境下，人体更容易失去水分，因此，每天至少要喝2~3升水，并根据需要补充。

喝温水：温水在高原地区更容易被身体吸收和利用，因此建议选择温水。

补充电解质：在高原环境下，人体容易失去电解质，如钠、钾和镁等。为了防止电解质失衡，可以选择喝一些运动饮料或在水中添加电解质片。

避免咖啡因和酒精：咖啡因和酒精可能加重脱水情况，在高原环境下最好避免饮用含有这些成分的饮料。

增加开水和淡盐水的摄入：由于高原环境下呼吸频率增加，会导致更多的水分和电解质排出，因此建议增加开水和淡盐水的摄入，以补充身体所需的水分和电解质。

综上所述，在高原环境下，制定正确的饮水策略非常重要。通过保持足够的水分摄入，补充电解质，并避免饮用含咖啡因和酒精的饮料，可以帮助登山者更好地适应高原环境。

3.5.5　高原登山小结

高原登山可谓是一项需要掌握多种关键技能的挑战，主要包括呼吸、步行、饮食和饮水。这些技能必须从低山登山的方式和习惯中转变为适应高山环境的方式，并且需要在实际操作中熟练掌握，以至于可以在不自觉中正确运用它们。然而，实际情况往往比想象中更加复杂，即使在有意识地尝试正确执行这些技能时，效果也可能不如预期。

以步行速度为例，在攀登卓奥友峰的经历中，张某曾多次被向导提醒要放慢脚步，尽管有意识地努力减缓速度，但实际行进速度仍然较快。对于初学者来说，将习惯的低山登山技巧转化为高山登山技巧是一项相当困难的任务。因此，建议初次尝试高原登山的人最好在有经验的人的指导下进行，以帮助正确掌握这些技能。尽管自己可能已经通过书籍等途径详细了解了需要注意的事项，但在首次高山登山时，实际操作可能并不如所预期的那样顺利。因此，获得专业指导和实际经验非常重要。

高原适应的自我判定方法

高原适应对登山者的身体健康和安全至关重要，有多种自我判定方法可供选择，以下介绍两种常用方法。

使用血氧仪判断。使用血氧仪可以客观地评估高原适应的程度。这种方法通过监测动脉血氧饱和度（SaO_2）来判断适应情况。根据 SaO_2 的局部变化（例如疲劳和超恢复的关系），可以调整适应活动和休息的平衡。此外，通过观察 SaO_2 的整体变化，可以预测攀登的机会。然而，要正确评估，必须注意以下几点：在高原地区，SaO_2 的值容易受多种因素影响，包括呼吸方式、身体姿势或测量前的体力活动。举例来说，起床后的深呼吸、排尿或排便后走出帐篷等活动都可能对 SaO_2 值产生显著影响。因此，必须注意在起床后 30 分钟内进行的测量可能会出现异常高的数值。

根据高山病（AMS）评量表判断。AMS 评量表是一种用于自我评估高山病严重程度的工具，已得到国际认可。这个简单的评估表可根据特定标准，将头痛、恶心、疲劳等主观症状转化为分数。原本设计用于判断高山病，但也可以用于评估高原适应程度。此外，还有一个不包括在最初AMS评量表中的项目，即排尿量和尿液颜色。在适应过程中，由于身体疲劳，尿量可能减少，尿液颜色可能变深。

需要注意的是，上述方法仅供个人参考，因为每个人在高原适应过程中存在着极大的个体差异。关键不在于设立绝对标准，而在于建立一个可供自我判断且易于理解的基准。

表3-4　不同高度出现的高原反应症状

高度	身体上的症状	精神上的症状
4000米以下	头痛、气喘、脉搏加快、恶心、呕吐、食欲缺乏、水肿、肺水肿	无
4000～7000米	头痛、运动时呼吸困难、脉搏突增、恶心、呕吐、食欲缺乏、腹泻、肺水肿、轻微发烧、倦怠、疲劳、失去平衡感、无法行进、咳嗽、月经不调、旧疾恶化	注意力不集中、丧失意志力、面无表情、失神、烦躁
7000米以上	气喘、必须坐着才能呼吸、视力障碍、幻觉、没有恶心感的食欲缺乏、失眠、喉咙痛、冻伤、疲劳感、无力感、支气管炎、攀登速度迟缓、失禁	感觉迟钝、恐惧感减退、判断力减退、记忆丧失、昏睡、易怒、神经质、好争辩、缺乏自制力

注：源自1990年台湾登山协会的调查。

高原登山后的恢复与调整

高原登山结束后，登山者通常会面临一系列身体调整和恢复的挑战。在长时间的高山登山活动中，人们很可能会出现体重下降的情况，这不仅包括脂肪减少，还包括肌肉质量的减少。即使尽力摄取足够的营养，也无法完全防止蛋白质的分解。如果在登山结束后不进行适当的锻炼，只是不断进食，结果可能只会增加脂肪而不是肌肉，这种情况如果持续下去，最终可能导致肌肉质量减少，形成肥胖的身体状况。这种现象与那些极端减肥后经历反弹效应的情况非常相似，被称为"溜溜球效应"。很多登山者都会经历身体形态的变化，登山能力下降，攀登寿命减短。因此，在完成高原登山后，恢复和调整至关重要。这个阶段需要特别注意，因为肌肉力量仍然处于相对较低的水平，如果过早进行剧烈的运动（包括登山和重量训练等），可能会导致意外的肌肉伤害，如肌肉拉伤、肌腱断裂、脱臼、关节问题等。因此，必须谨慎行事。

4　登山与攀岩中的绳索技术

　　绳索技术在地质体育活动中可以发挥多种重要作用，特别是在探险、攀岩和户外活动方面。

　　登山和攀岩：绳索技术在攀岩和登山中是至关重要的。登山者和攀岩者使用绳索来确保他们的安全，防止摔落或滑坡。绳索技术可以用于绳索索附、安全系附、悬挂等，以提供支持和保护。

　　斜坡和陡坡攀登：在地质探险中，特别是在陡坡和斜坡上，绳索技术可以用于固定身体位置，防止滑倒或滑坡。登山者和探险家可以使用绳索来稳定自己，以减少摔倒的风险。

　　跨越沟壑和河流：绳索技术可以用于建立临时桥梁，以便越过沟壑、峡谷或河流。这对于地质探险活动中需要越过自然障碍物的情况非常有用。

　　救援和紧急情况：绳索技术在紧急情况下可以用于救援和营救。登山队或探险队可能需要使用绳索技术来营救受伤或被困的队员。绳索可以用于降低患者或被救援者的高度，以便将他们安全地带离危险区域。

　　训练和技能发展：绳索技术需要特定的技能和培训，因此在地质体育活动中也可以用于培训和技能发展。参与者可以学习正确使用绳索绑结、绳索管理和救援技巧等关键技能。

　　总之，绳索技术在地质体育活动中扮演着关键的角色，既可以保障参与者的安全，又可以扩展他们的探险和户外体验。使用绳索技术需要妥善的培训和实践，以确保安全性和有效性。

4.1 绳索技术

绳索技术是指在登山、攀岩、悬崖下降等活动中使用绳索的技术，以保证人身安全。绳索技术包括如何选择合适的绳索、如何正确地打结和绑扎、如何使用绳索和其他安全设备等方面的技术。绳索技术不仅仅是为了保证攀登者的人身安全，还可以帮助攀登者在复杂的地形中保持平衡和稳定，并在需要时提供支撑力和牵引力。绳索技术是登山和攀岩等极限运动中必备的技能之一，也是保护自己和队友生命的关键技能之一。绳索技术在地质体育中具有重要的作用，主要体现在以下几个方面。

第一，安全保障。绳索技术是登山和攀岩等户外运动中不可或缺的安全保障手段。在地质体育中，绳索技术同样起到了重要的作用，可以保障参与者的安全。例如，在峡谷穿越、探险和攀爬等活动中，使用绳索可以有效地防止运动员因为失足或者其他原因而坠落，从而减少运动员的受伤和死亡风险。

第二，增加难度。使用绳索可以增加地质体育的难度，使其更具挑战性。在攀岩和绳索技术结合的活动中，运动员需要不断地改变绳索的夹角、握力和身体姿势，才能在悬崖峭壁上保持平衡，完成攀爬任务。这种技术不仅考验了参与者的身体素质和技巧，也增加了地质体育的观赏性和娱乐性。

第三，探险发现。绳索技术可以帮助运动员到达人迹罕至的地方，从而发现新的景点、发现新的探险线路。在峡谷穿越和探险活动中，绳索技术可以帮助运动员到达地形复杂、难以到达的地方，从而发现新的自然景观和独特地质结构。这不仅可以为地质科学研究提供新的素材，也可以为游客提供更为丰富的旅游体验。

总之，绳索技术在地质体育中具有非常重要的作用，可以保障运动员的安全，增加地质体育运动的观赏性和娱乐性，同时也为探险发现和地质科学研究提供支持。

4.2 常用装备

4.2.1 人造纤维类

4.2.1.1 绳

一般而言，登山和攀岩所需的绳索为夹芯绳（kernmantle rope）。夹芯绳由绳芯（core）和绳皮（sheath）组成（见图4-1）。绳芯用于吸收冲击力，绳皮用于保护内芯并增强耐磨损性。绳芯和绳皮的材质通常是强化尼龙或强化特多龙，它们的绳股一线到底，不会有打结连接。绳芯占据绳索重量的大约40%，是绳索的主要受力部位。绳皮交错编织，用以保护绳芯和提供足够的摩擦力，以便下降器通过和制动。夹芯绳有多个种类，根据不同的用途和要求，可以选择适合的夹芯绳（见图4-2）。

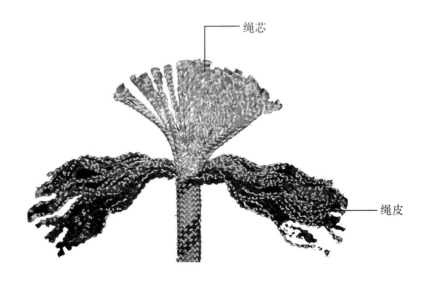

绳芯

绳皮

图4-1　夹心绳的

图4-2　不同种类的夹芯绳

登山和攀岩中主要使用动力绳（dynamic rope）和静力绳（static rope），这是两种不同类型的绳索，它们在用途、特性和设计上有显著的区别，但也存在一些联系。以下是它们的定义、区别和联系：

1. 动力绳

动力绳是一种弹性较大的绳索，其主要特点是能够吸收冲击的能量，具有一定的弹性。这种绳索通常用于活动中需要减缓或吸收坠落冲击的情况，如攀岩、登山、冰川下降等。特点：动力绳具有较高的延展性，通常具有动态伸缩性，能够吸收并分散坠落时的冲击力，减轻了冲击对身体的伤害。它的弹性使得攀岩者或登山者可以更安全地跌倒或坠落，并且适用于需要在绳上上升或下降的活动。

2. 静力绳

静力绳是一种几乎不伸缩的绳索，其主要特点是延展性非常低，不会吸收冲击的能量。这种绳索通常用于需要稳定的锚定和垂直上升或下降的情况，如救援、高空作业、工业维护等。特点：静力绳具有极低的延展性，通常不超过3%，这使得它不适用于吸收坠落冲击。它用于需要绳索系统稳定性的任务，如救援、工业维护和高空作业。

两种绳索都是登山、攀岩、工业维护和救援等领域的重要工具。在某些情况下，可以同时使用它们，如在绳索系统中，动力绳用于上升或下降，而静力绳用于稳定的锚定。但必须谨慎使用，确保绳索的特性与任务需求相匹配。总之，动力绳和静力绳在用途、特性和设计上有明显的区别，攀岩者、登山者、工程师和救援人员需要根据具体任务需求选择适当的绳索类型以确保安全。

4.2.1.2　扁带与扁带环

扁带（webbing）和扁带环（sling）是登山和户外运动中常见的装备，用于构建锚点、绑定物品、进行救援和其他多种用途（见图4-3）。以下是对这两种装备的简介。

1.扁带

扁带是一种宽而平坦的带状材料，通常由高强度的纤维材料制成，如尼龙或聚酯。它可以是单层或双层，具有出色的抗拉强度和耐磨性。扁带用于构建锚点、绑扎装备、制作安全带、做救援系统和其他户外活动中需要可靠连接的任务。它们非常适合用于吊挂、拖拽、制造绳索、固定设备等任务。扁带有不同的宽度、颜色和长度，以适应不同的需求。它们也可以有不同的强度等级。

2.扁带环

扁带环是由扁带制成的圆环或环状装置。它们通常是双层的，具有较高的抗拉强度和耐磨性，因此非常耐用。扁带环用于构建锚点、连接器、延伸装置和其他各种登山和户外任务。它们可以用来连接登山绳、绑定设备、作为安全装备的一部分，以及在救援和搜救情况下使用。扁带环通常有不同的长度和强度等级，以满足不同的需求。它们通常具有环扣，便于连接和调整长度。

总之，扁带和扁带环都是多功能的户外装备，可用于创建安全锚点、绑定设备、制造绳索、做救援和其他户外活动中的各种任务。选择适当的扁带或扁带环取决于具体的需求和用途。

图4-3　扁带与扁带环

4.2.1.3　头盔

头盔是一种用于覆盖和保护头部的装备，通常由坚固的材料制成，如塑料、复合材料、聚乙烯、聚碳酸酯等（见图4-4）。它们具有坚固的外壳和内衬，能够吸收和分散来自撞击或坠落的冲击力。头盔的主要目的是保护头部免受意外冲击、坠落物体、碰撞、跌倒等危险的伤害。头盔在各种活动和工作场合中都具有重要的作用，在登山和攀岩时防止头部受伤，尤其是在攀登岩壁、冰川和高山时。

图4-4　头盔

这些装备在登山和救援活动中起着关键作用，使用前务必了解其性质和规格，以确保安全。头盔的使用尤为重要，因为它能有效保护头部，避免受伤。

4.2.1.4　安全带

安全带是攀岩和登山等垂直运动中不可或缺的安全装备之一。它的主要作用是连接攀岩者或登山者于绳索系统，提供保护和支撑，以防止摔落或滑坠时的严重伤害。以下是安全带的简介。

1.结构和构成

攀岩安全带通常由一条腰带和两条腿带组成。腰带穿在攀岩者的腰部，而腿带则穿在双腿上。它们通常由高强度的尼龙或聚酯材料制成，具有耐磨损和耐用的特性。

2.调节系统

攀岩安全带通常配备了可调节的系统，使攀岩者可以根据自己的体型和舒适度来调整带子的松紧度。这有助于确保安全带能够紧密贴合身体，提供最佳的支撑和保护。

3.扣环和连接点

攀岩安全带上通常有多个扣环和连接点，用于连接绳索、缓冲装置、快挂器、绳结和其他攀岩或登山装备。这些连接点通常由金属环或耐用的塑料制成，能够承受高强度的拉力。

4.类型

有两种主要类型的安全带，即腰带式和全身式。腰带式安全带适用于大多数攀岩活动，因为它们轻便且容易穿戴（见图4-5）。全身式安全带覆盖了上身和腿部，通常用于大墙攀岩和工业攀升等需要额外支撑和保护的情况。

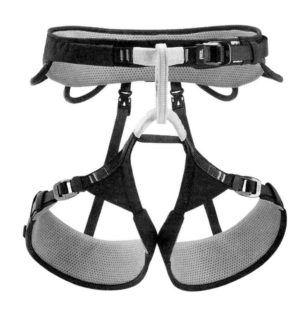

图4-5 腰带式安全带

安全带用于各种攀岩和登山活动，包括室内攀岩、户外攀岩、冰川攀登、登山等。在攀岩中，攀岩者将绳索穿过安全带的连接点，并使用快挂器等装备来建立绳索系统，以确保在摔落时能够受到支撑和保护。安全带必须符合国家或地区的安全标准，并且经常需要进行检查和维护，以确保其性能和可靠性。攀岩者必须学会正确穿戴和使用安全带，以最大程度地减少事故和风险。总之，安全带是攀岩和登山活动中的生命线，对于攀岩者的安全至关重要。选择适合自己需要的安全带并正确使用它是攀岩者的首要任务，以确保在垂直环境中享受刺激的同时保持安全。

4.2.2　金属装备

4.2.2.1　岩锁

岩锁（carabiner）是登山和攀岩中最常用的连接工具，用于连接绳索、扁带、锚点和其他装备。它们通常具有至少15千牛（1500公斤）的最低断裂强度。D形岩锁（如图4-6所示）在登山和攀岩运动中广泛使用。岩锁应该具有锁闭功能，分为手动锁和自动锁两种类型。

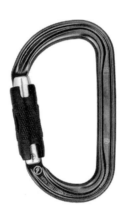

图4-6　D形自动锁

手动锁适用于大多数环境，但在连接后必须立即锁定，否则可能因为意外碰撞而导致锁门打开。未锁定的安全钩就像是敞开的大门，其垂直拉力（断裂负荷）远低于已锁定的状态。举例来说，铝合金安全钩，在锁定后的垂直拉力为25千牛，而未锁定时只有7千牛。为了防止使用者忘记锁定而导致事故，购买自动锁定的安全锁是个不错的选择。然而，在有泥沙的情况下，具有自动锁定功能的安全锁可能失效。

岩锁通常由不锈钢（inox）、合金钢（steel）或铝合金制成。钢制岩锁坚硬而重，适合连接锚点或与尖锐金属器材接触，例如安全带和下降器。铝合金安全锁的断裂负荷不逊于钢制品，而且相对轻便，适合连接个人保护装备和随身携带多个备用。然而，铝合金不太耐磨损，使用时应避免与其他锐利金属挤压。

定期检查岩锁的外观，如果有变形或切割痕迹，应立即停止使用并更换。如果锁牙中有泥沙或铁屑，应立即清洗。使用合金钢安全锁后，应使用防锈剂进行保养，并将其存放在专用容器中。如果岩锁不小心从高处（2米以上）掉落在坚硬的地面上，即使外观没有损坏，内部的合金材料也可能受到严重损坏，应当废弃以免再次使用。

4.2.2.2 下降器

下降器是一种安全装备，通常与安全带和绳子相连，用于控制下降速度。它们通过增加绳索与下降器之间的摩擦来减缓下降速度，从而确保用户以适当的速度下降到目标位置。下降器有不同类型，包括没有自动挂停功能的下降器，以下是其中两种常见类型的介绍：

1. 无自动掣停功能的下降器

8字环（如图4-7所示）是一种无自动自锁功能的下降器，通常包括上部环和下部环，上部环较大，下部环较小，用于连接安全锁。通过绳索穿过上部环，使用者必须手动产生摩擦力来控制下降速度和制动。传统的8字环边缘光滑，而救援型8字环具有突出的耳朵，用于增加摩擦力。8字环适用于技术下降，但在长距离下降时的操作可能不够有效。

图4-7 8字环

2. 自动掣停式下降器

自动掣停式下降器具有关键的自动掣停功能。这意味着当使用者因任何原因

（如突然停止、碰撞、惊慌等）而松开下降器的手柄时，下降系统会自动刹车并停止下降，用户可以安全地悬挂在当前位置，释放双手进行其他工作。只有当用户再次按下下降器的手柄时，下降才会继续进行。

PETZL STOP（如图4-8所示）是常用的一款由法国户外装备制造者PETZL生产的自动掣停式下降器。在使用时，需要在装绳之前打开STOP的侧板，将绳索从下方绕到上方，并套住两个摩擦轴，然后关闭侧板，并手动上锁。STOP的侧板可以打开，以便在操作过程中快速装绳，特别是在将上升系统切换为下降系统时。然而，如果操作不熟练，可能会导致绳子脱离下降器的危险。STOP的绳路呈倒S形，下降时绳索受力，经过两个铝制摩擦轴，大大减慢下降速度。通常情况下，STOP不能立即自动掣停，而是会以缓慢的速度继续下降。如果使用的是光滑的绳索（特别是经过耐磨或防腐处理的绳索），自动掣停效果可能不佳。因此，使用者必须手动上锁，这意味着将绳子放入安全钩，拉出一个绳耳，然后将其套住STOP并拉紧安全绳。STOP没有防止恐慌操作的功能，如果使用者在空中悬挂时忘记手动上锁，并且误触手柄，可能会导致意外坠落。因此，使用者必须进行反复练习，以确保随时记得手动上锁，并养成这一习惯。STOP适用于直径为10～11 mm的编织绳。某些绳索的表面较为光滑，STOP可能无法产生足够的摩擦力来实现自动掣停。此外，在使用一段时间后，STOP的夹绳功能可能会减弱，因此最好在安全的低空位置进行试降，以确保安全。STOP的上摩擦轴内部有一个圆形凸点，一旦绳子磨平了这个凸点，就表示STOP已经达到使用寿命，应当立即报废并更换。

图4-8　PETZL STOP下降器

自动掣停式下降器具有自动刹车功能，当使用者松开手柄时会停止下降，从而提供额外的安全性。然而，不同型号的自动掣停式下降器具有不同的操作方法和要求，使用者必须详细了解并严格遵守生产厂家的指南。定期检查和维护下降器也至关重要，以确保其性能和安全性。

4.2.2.3 上升器

上升器（如图4-9所示）是攀岩和登山中关键的装备，用于使用者沿着绳索上升。上升器通常包括一个手柄、一个或多个夹具以及一个悬挂点，用于连接到使用者的安全带。上升器的工作原理是通过夹持绳索来实现上升，同时使得使用者可以在不需要松开手柄的情况下稳定地移动。有两种主要类型的上升器，分别是钢齿式上升器和夹绳式上升器，它们在绳索技术中广泛应用，用途包括上升、防坠、拖拉等。

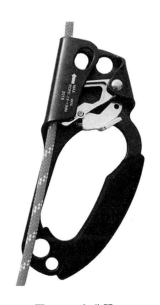

图4-9 上升器

1.钢齿式上升器

这些上升器通常具有齿状夹具，可以夹住绳索并阻止其下滑。攀岩者可以通过手柄来上升，而上升器会在松开手柄时保持锁定状态，从而保持在绳索上。这种类型的上升器通常用于需要频繁上升的情况，例如攀岩或登山。

2.夹绳式上升器

夹绳式上升器通常采用夹具来夹住绳索，类似于螺母或夹子的设计。攀岩者可以通过手柄或其他装置来上升。夹绳式上升器的设计使得它们可以在不松开手柄的情况下移动，但也可以轻松锁定在绳索上以防止下滑。这种类型的上升器通常用于需要更大灵活性和控制的任务，如防坠和拖拉。

总的来说，上升器是攀岩和登山中不可或缺的工具，它们使攀岩者能够安全、高效地沿着绳索上升，同时提供了防坠和拖拉等重要功能。在使用上升器时，攀岩者需要熟悉其操作方法，并确保装备的状态良好以确保安全。

4.2.3 装备的检查与保养

装备的检查与保养是攀岩和登山中非常重要的一环，以确保装备的安全性和可靠性。以下是装备检查的关键要点：

定期检验：在首次使用装备之前，必须由具备相应资格的专业人员按照制造商提供的检验流程对装备进行全面检验。之后，每次检验之间的时间间隔不得超过6个月。这些检验必须遵循制造商的指导，并记录详细的检验结果。

使用前检验：每天在第一次使用装备之前，应进行外观和触觉检验。这些检验是每日必须执行的程序，并且必须有正式记录。

临时检验：在特殊情况下，例如在恶劣条件下使用装备或发生意外安全事故后，必须进行临时检验。专业人员根据风险评估的结果，决定在适当的时间间隔内进行临时检验。这个时间间隔可以由装备部件的磨损程度、暴露于异常条件（如化学气体）或脏污程度等因素来决定，并记录临时检验的结果。

决策权与资质：负责执行详细检验或临时检验的人员必须具备废弃使用装备的权利和足够的资质。他们需要能够独立、客观地做出是否可以继续使用装备的决定。这些人员可以是救援人员、专业供应商、制造商或装备技术专家。

冲击力装备的停用：对于那些可能承受较高冲击力的装备，如坠落或有重物掉落在装备上的情况，应立即停止使用该装备。安全是最高优先级，不应冒险使用受损的装备。

综上所述，装备检查是确保攀岩和登山安全的关键步骤，它有助于识别和替换受损或不安全的装备，以确保在户外活动中保持最高的安全性和可靠性。

4.2.3.1 人造纤维装备

人造纤维装备在使用前需要经过仔细地检查和保养，以确保其性能和安全。以下是关于人造纤维装备的一些重要注意事项：

1.环境影响

（1）高温：人造纤维通常在高温条件下性能会受到影响，超过50℃时会导致性能变化。因此，在绳索操作中，应避免高温环境下的使用。

（2）潮湿：人造纤维在潮湿条件下性能可能会受到影响，但在干燥后会恢复。在潮湿环境中使用时，尤其在接近最大额定负荷时，需要额外小心。

（3）化学品：避免与任何可能影响装备性能的化学品接触，包括酸性物质和强腐蚀性物质。如果装备与化学品接触或疑似接触，应立即停止使用，并进行清洗。装备上的永久性粉尘标记表明装备已受损，应停止使用。

2.磨损

磨损是导致人造纤维装备强度降低的主要原因之一，包括沙砾渗入织带或绳索、尖锐或粗糙边缘的摩擦，以及其他如切割等损伤。任何有切割或明显磨损的部件都应被废弃。装备需要定期检查，查看是否有磨损迹象。

（1）外部磨损：外部磨损通常较容易发现，但有时难以确定程度。外部磨损会导致装备强度下降。

（2）内部磨损：内部磨损不易察觉，但一旦发现，通常已经造成实质性的损伤，表示沙砾已经渗透绳索或织带内部。

（3）摩擦引起的内部损伤：有时，即使没有沙砾渗入，正常的弯曲运动也可能导致纤维之间的内部磨损。这是一个缓慢的过程，难以察觉。

3.使用前检查

在使用人造纤维装备之前，必须进行仔细的检查。这包括触感和外观检查。对于夹芯绳，需要检查外包物是否有切割处，并用手触摸芯体以感知是否受损。装备的膨胀或变形可能表明芯体纤维受损。对于安全带和织带，需要检查是否有切割、磨损、断裂和过度伸展，尤其要注意织带缝合处是否有开裂的迹象。纱线的松脱或断裂表明内部可能存在磨损或切割。任何切割、磨损、拉刺或其他机械损伤都会降低装备的强度。

4.清洗

为了减少沙砾的含量，维持人造纤维装备的清洁，应定期进行清洗。清洗时，将人造纤维装备浸入温度不超过40℃的清水中，使用中性肥皂或柔和的洗涤剂进行清洗，然后用冷水冲洗干净。潮湿的人造纤维装备应在远离热源的通风处自然风干。干燥的人造纤维装备应存放在适当的袋子中，以防止机械损伤。维护和检查人造纤维装备的重要性不可忽视，这有助于确保人造纤维装备在户外活动中的安全性和可靠性。

4.2.3.2 金属装备

金属装备通常由钢或铝合金制成，有时也使用其他金属如钛。虽然钢和铝外观相似，但它们的性能差异很大，尤其是在抗腐蚀性方面。

铝合金装备可能具有光滑的外表，但通常经过阳极氧化处理，形成一层比基本材料更强的电化学覆层，以保护其免受腐蚀和磨损。请注意，第一，较高强度的铝合金更容易腐蚀，尤其是在潮湿或海水环境中。第二，避免不同金属长时间接触，以防止电化腐蚀。第三，某些金属在腐蚀环境中可能出现应力腐蚀破裂，这需要定期检查。

1.金属部件的清洁

在干燥条件下，对金属装备的活动部件进行石脑油或硅润滑脂润滑。在润滑时避免与织带、绳索等接触，以免影响其正常功能。故障部件必须停止使用。

2.金属装备的消毒

在受污染的环境中工作后，需要对金属装备进行清洁。选择消毒剂时，要咨询装备制造商或供应商的建议。金属装备消毒后，必须用清水冲洗并自然风干。

3.金属装备的储存

清洗和干燥后，金属装备应储存在通风良好、干燥、光线较弱、中性pH值环境中，远离热源、潮湿、尖锐物体、腐蚀性物质、啮齿动物和未授权人员。装备不应储存在潮湿条件下，以免发生真菌感染或腐蚀。

4.金属装备的停用

一旦金属装备出现故障或有疑似故障，应将其隔离，不得再次使用，直到进行检验或维修。停用的金属装备必须标记为不适合使用，如果不能修复，则必须销毁。

5.使用寿命

根据制造商提供的信息设置金属装备的使用寿命，并记录使用情况以进行审核。必要时进行损毁测试，以了解金属装备的退化程度。已达到制造商指定使用寿命的金属装备，未因其他原因被拒绝使用的，必须停止使用，除非获得相关专业机构的书面证明，确认可以继续使用。

4.3 绳结

绳结（knot）是一种用来捆绑物体、连接绳索或实现各种用途的基本技能。学会打好绳结是户外生存和日常生活中的重要技能。通过绳结，可以将主绳系于锚点，连接不同绳索，或者将绳索系于人体等。

地质工作者不需要掌握太多种类的绳结，只要精通一些基本的绳结操作方法，并能够在各种情况下灵活运用。所学会的绳结应该易于打结、识别和解开。绳结制作时要确保结形平整、紧实，绳股不交叉，以充分发挥绳结的功能，否则，绳结容易在负荷下散开或扭曲，从而妨碍整个绳索系统的功能。制作绳结时，应保留一定长度的尾绳，根据绳结的用途留出的尾绳长度会有所不同，但通常不少于10厘米。完成绳结后，应使用余长打半结来固定。

4.3.1 基本术语

4.3.1.1 绳的各部分名称

绳由绳头、主体绳、绳尾组成。在实际的使用过程中的各个部分具有以下名称，如图4-10所示：

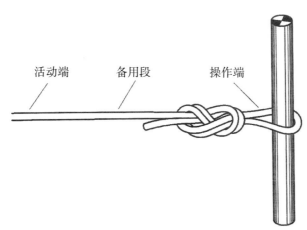

图4-10 绳的各部分

1.操作端（working end）

操作端是绳的一端，通常用于打结或连接到锚点或挂点。

2.备用段（standing part）

备用段是绳介于操作端和活动端之间未动用的部分，通常指靠近受力端的备用部分。

3.活动端（running end）

活动端是指远离绳结的一端。

4.3.1.2 绳结的构成

在制成绳结时，绳索通常会呈现出绳耳、绳环、绳圈三种形态。

1.绳耳（bight）

将绳的操作端自延伸方向反向折回180°，使两部分保持平行，形成一个弯曲的部分。图4-11。

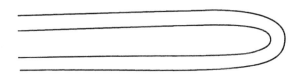

图4-11 绳耳

2.绳环（loop）

绳的操作端被提起，绕180°折叠出绳耳，再绕180°，与备用段保持平行，但方向相反。上搭绳环（overhand loop）的操作端，在绳环上方；而下搭绳环（underhand loop）的操作端，在绳环下方。

3.单绳圈（round turn）

绳的操作端环绕固定物360°（一圈），然后再绕180°，与备用段保持平行，且方向相同，形成一个单绳圈。

4.双绳圈（two round turns）

绳的操作端环绕固定物720°（两圈），然后再绕180°，与备用段保持平行，且方向相同，形成一个双绳圈。

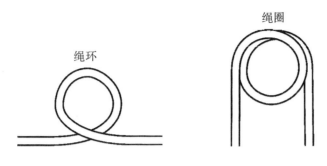

图 4-12　绳环与绳圈

4.3.1.3　绳结的分类

绳结可以分为以下三类：

1. 结节（knot）

也被称为系扣，用于在绳索上打扣，如半结、蝴蝶结、8字结等。

2. 结着（bend）

也叫作连接，用于将绳索的两端或两根绳索连接在一起，例如8字连接结等。

3. 结合（hitch）

也称为拴结或捆绑，用于将绳索绑在树木、柱子等固定物上，或者绑在物体上的绳结，如卷结、返穿8字结等。

4.3.2　常用绳结

4.3.2.1　8字结

8字结（figure 8），是8字结家族中的基本结。它与单结类似，但稍微复杂一些，需要更多的绳长。这个结的主要作用是防止绳索从系统中脱出，提供额外的安全性。与单结相比，8字结的结更大，因此更不容易自行松脱。即使在承重后，8字结也能轻松解开。

要制作8字结，只需在打单结的过程中，将操作端多绕主绳半圈再穿入绳圈即可。通常情况下，留出的尾绳余长约为15厘米。见图4-13。

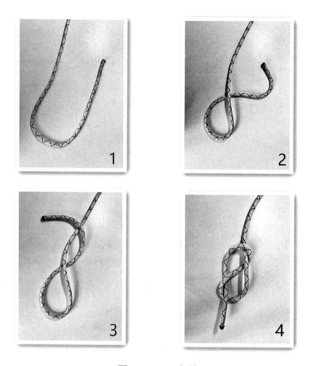

图4-13　8字结

4.3.2.2　返穿8字结

近穿8字结，也称为编式8字结，通常用于围绕树木、尖角、岩石或圆锥形物体制作锚点系统，也可用于连接安全带的主工作环。这个绳结相对容易学习，不容易忘记，并且制作是否正确可以非常直观地判断。它的唯一缺点是在承受猛烈的冲击后可能难以解开。通常需要留下15厘米的尾绳余长。见图4-14。

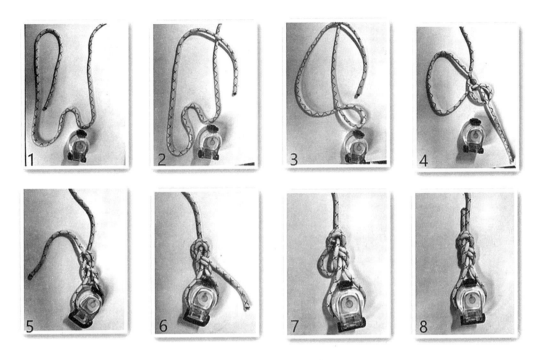

图4-14　返穿8字结

4.3.2.3　水结

水结（water knot）是连接两条扁带或将一条扁带结成扁带环的有效方法。制作水结非常简单，首先在一条扁带上打一个平整的单结，然后将另一条扁带沿着前一条扁带的尾端回绕，最后调整两端，留下5～8厘米的尾绳，并拉紧绳结。见图4-15。

需要注意的是，水结可能会随着时间变松，因此需要经常检查。如果发现水结变松或者尾绳太短，就需要重新制作并确保拉紧。此外，通过将水结制在一条足够长的扁带的两端，可以创建一个非常有用的扁带环。将这个扁带环绕固定点，然后使用安全钩连接扁带环，就可以建立一个坚固的锚点系统。

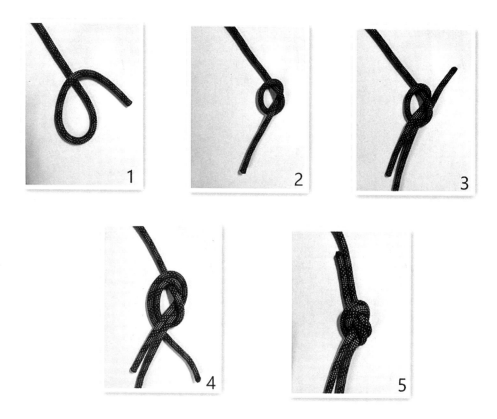

图4-15 水结

4.3.2.4 称人结

称人结（bowline），也被称为布林结，是一种能够在绳索的尾端形成一个牢固的绳圈的绳结，如图4-16。

这个绳圈可以绕过坚实的锚点（如树干或柱子）用于人身保护，因此在制作时需要留下20～30厘米的尾绳。虽然称人结的稳定性不如单环8字结，但如果在绳结的尾端绕过主绳并打一个单结，就可以增加其稳定性，然后可以安心使用。

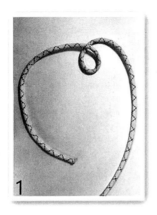

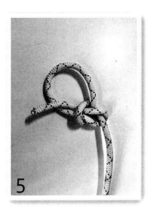

图4-16 称人结

4.3.2.5 双渔人结

双渔人结（double fisherman's knot）是一种用于连接两条主绳的非常安全的方法，特别适用于主绳不够长的情况。双渔人结的结形较小，且容易在需要时将绳取下。

制作双渔人结的方法相对简单：将两条主绳的绳端相交，然后各自使用自己的绳端在另一条绳上绕两圈。接下来，将两个绳端穿过各自的绳圈，然后将绳结拉紧。最后，打上一个单结来收尾，如图4-17。

完成双渔人结后，必须进行检查以确保两个绳结的绕行方向是正确的。有时两个绳结的尾绳可能会回缩，但这两个尾绳的回缩方向必须能够相互牵制。因此，尾绳需要预留15厘米以上的长度。

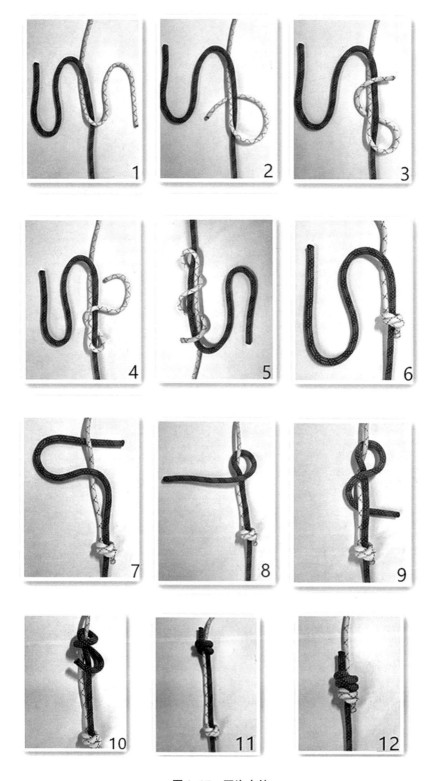

图4-17　双渔人结

4.3.2.6 阿尔卑斯蝴蝶结

阿尔卑斯蝴蝶结（alpine butterfly knot）具有一些特点，可以承受来自两个方向（一根绳的两个绳端）或三个方向（一根绳的两个绳端和一端绳环）的拉力，同时不会轻易松开或变形，如图4-18。

这个绳结有两个主要应用方面：

锚点设置：阿尔卑斯蝴蝶结可以与单环8字结一起使用，用于创建稳固的锚点，以支持下降主绳的架设。

应对主绳破损：如果主绳上发现有破损点，可以打一个阿尔卑斯蝴蝶结，将破损点放在绳环的位置，以便绕过破损点，确保主绳的受力方向不会集中在破损点上。这有助于维持主绳的安全性。

阿尔卑斯蝴蝶结是一个非常实用的绳结，可以在登山、攀岩和绳索工作等情境中发挥重要作用。

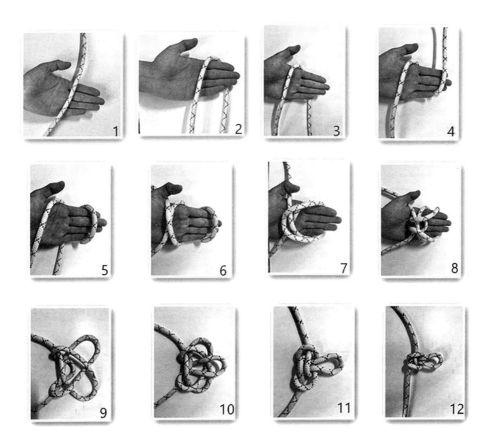

图4-18　阿尔卑斯蝴蝶结

4.3.2.7　双套结

双套结（clove hitch）是一种快速将绳索固定在钩环上或与锚点连接的绳结，也被称为香结或卷结，如图4-19。

这个绳结具有以下特点和应用：

快速固定：双套结可以迅速将绳索系在钩环、树枝，或其他锚点上，而不需要解开整个绳结。

长度调整：它允许使用者轻松地调整绳索的长度，以适应不同情况下的需要，而无需重新打结。

临时站立：在某些情况下，当没有合适的站立点或绳梯时，可以将下方的主绳打一个双套结，然后套在脚的中央，以便站立在主绳上。但需要注意，这只是一种临时解决方案，可能会导致脚部不舒适，最好还是使用专用的脚环和绳梯。

双套结是一个多功能的绳结，常见于登山、攀岩、绳索工作等活动中，可以快速而可靠地连接绳索与锚点。

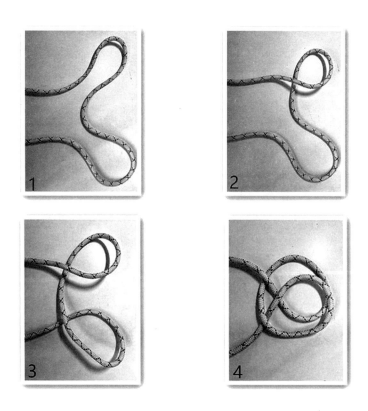

图4-19　双套结

4.3.2.8　克氏结

克氏结，又称摩擦结（friction knot）或抓绳结，得名于其通俗表达"绳咬绳"。这是一种用于建立快速系统的绳结，通常使用辅助绳或扁带，可控制沿着主绳上升或下降，如图4-20。克氏结具有以下特点和应用：

绳咬绳：克氏结在受力时可以紧紧固定在主绳上，可以负载操作者的体重，类似于绳索的抓取。但在不受力时，它可以自由滑动在主绳上。

多种材料：克氏结可以用辅助绳或扁带制作。这使得在没有辅助绳但有扁带的情况下，仍然可以制作摩擦结。

制作方法：制作克氏结的方法是将辅助绳或扁带以螺旋状绕主绳4～5圈，上方绳圈预留与缠绕的宽度相当的长度，下方绳圈较长，至少能够连接到吊带。然后，下方绳圈穿过上方绳圈后再拉紧即可。

克氏结常用于救援、攀爬、绳索工作等活动中，可以快速建立可控制的降落或上升系统，同时也可轻松解开。这是一种非常实用的绳结，适用于各种情况下的绳索操作。

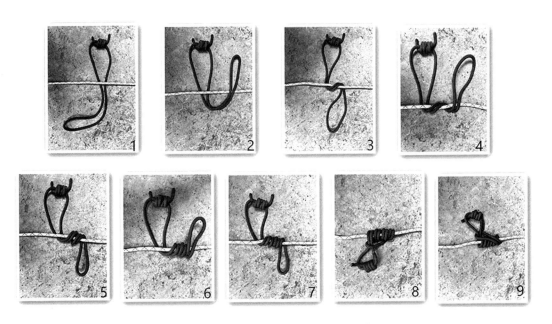

图4-20　克氏结

4.3.2.9 邦尼结

邦尼结（bunny ears knot），又称双环8字结，是一种源自8字结绳环的绳结变体。它的打法与8字结相似，但有一个明显的区别：在最后一步，绳耳不是穿过绳圈的顶部，而是从绳圈的底部穿过，然后绕过绳结的上部，最终形成两个绳环。如图4-21。

邦尼结的特点和应用包括：

双环结构。邦尼结最终形成两个相邻的绳环，这使得它在某些情况下比普通的8字结更稳定和牢固。

易于解开。与8字结类似，邦尼结也相对容易解开，因此适用于需要快速解结的情况。

用途广泛。邦尼结可以用于各种需要连接或固定绳索的情况，例如攀爬、绳索工作、救援等领域。这个绳结的名字来源于它形成的两个绳环，看起来有点像兔子的耳朵。

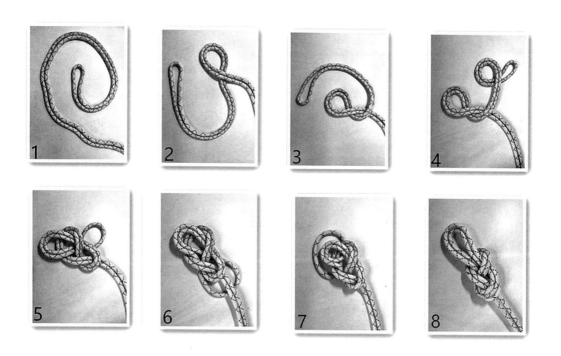

图4-21 邦尼结

4.3.3　负荷要求

4.3.3.1　基本概念

1.最低破断强度（minimum breaking strength，MBS）

指经由制造商列明的环境中，可以通过一个装备吊起的最大承重。该数据须由制造商测定后载明于装备说明书中，用以决定此装备最大可以接受安全范围内的承受力。但现实操作中，操作人员绝对不可使用至最低破断强度的承受力，否则工作时的侧向移动所产生的拉力、少许的坠落系数所引起的坠落冲击力，都可能导致超过最低破断强度。

2.工作负荷上限（working load limit，WLL）

指在实际工作当中，装备允许的最大承重负荷。

3.安全系数（safety factor，SF）

为工作负荷上限与最低破断强度的比值表示工作负荷上限不能超过最低破断强度某整数分之一。通常情况下，纤维类器材的安全系数（SF）为 1∶10，金属器材的安全系数（SF）为 1∶5。

因此，绳索操作中常采用实际工作负荷上限（WLL），其估算方法为：

工作负荷上限（WLL）=最低破断强度（MBS）×安全系数（SF）

表4-1　常用绳索装备负荷

装备	最低破断强度(kg)	工作负荷上限(kg)
10.5 mm 低延展性夹芯绳	2700	270
11 mm 低延展性夹芯绳	3000	300
岩锁	2200～2500	400～500
绳环	2200	220

4.3.3.2　绳结强度

当绳笔直时它的强度是最强的，任何对绳索造成的弯曲都会使它的强度变弱，造成的弯曲越紧，绳索强度越弱。在一条笔直的夹芯绳上，全部的受力被平均地施加在绳体上，因此，绳的外皮和内芯的受力也是平均分摊的。绳的弯曲或是挤压，会造成外皮的绷紧和内芯的压缩，绳的内外将不再是平均地分摊受力。结形半径较大的绳结的强度通常大于结形半径较小的绳结。同样的，一条绳绕过一个大树干的强度大于一条绳索穿过主锁的强度。

绳索经过绳结的反复弯曲之后，原本的强度会降低，负重的能力也会降低。例如强度40千牛的两条绳，经过双渔人结的连接之后，强度可能仅剩余70%（约2800千克）。绳结会使绳的强度弱化（表4-2）。

表4-2　不同绳结的弱化程度

绳结类型	强度(%)
直绳	100
布林结	55～74
蝴蝶结	61～72
反手结	58～68
8字结	66～77
双环8字结	61～77
双渔人结	65～80
水结	60～70
8字接绳结	70～75
双平结	43～47
卷结	60～75
双半结	60～75
鞍带结	40～75
系木结	60～75

根据绳结的类型、系扣的精度与整齐度，绳结所造成的绳索强度的降低也各有不同。整理绳结，确保绳结位置的绳索平行并且系紧，称之为包扎。一个包扎完好的绳结与包扎不完善的绳结在强度损失方面也有不同（表4-3）。

表4-3 绳结包扎对绳结强度的影响

绳结名称	包扎完好的绳结强度损失(%)	包扎不完好的绳结强度损失(%)
吊板结	23	33
单环8字结	23	34
绳环9字结	16	32
反手结	32	42
邦尼结	23	39
蝴蝶结	28	39
称人结	26	45

4.4 锚点与锚点系统

锚点（anchor），也称锚固点，是绳索系统中绳索的系缚点和承重点，将锚点称为确定点或支点是不恰当的。锚点系统（anchor system）是指由锚点绳索、扁带、岩锁等配件组合，包括锚点本身。

4.4.1 锚点

锚点在绳索保护系统中起着至关重要的作用，用于连接绳索并承受负荷。选择和设置锚点时，必须考虑安全、简单和可靠性。可以使用单个构造物（如结构性钢架）、自然地形或大树作为锚点，只要它们足够坚固。在选择和设置锚点时，需要考虑以下因素。第一，受力方向。了解锚点将承受的力的方向以及最大负荷。第二，距离。确保在锚点、锚点系统和工作边界之间有足够的距离。第三，保护。检查锚点是否需要额外的保护，以避免对绳索造成损害，如锋利边缘、高温或腐蚀性物质。

在使用锚点时，务必遵循双重保护原则，即至少使用两个锚点。一个用于主绳，另一个用于备用，以确保系统的可靠性。锚点可以分为两种类型。第一，无方向锚点，能够承受来自各个方向的力。第二，方向性锚点，对于力的方向有一定要求，如果承受超出角度范围的力，可能会损坏锚点本身。

综上所述，选择和设置锚点需要谨慎考虑多个因素，以确保攀岩或登山活动的安全性和可靠性。双重保护原则是确保系统稳定性的重要原则。

4.4.1.1 自然锚点

自然锚点，如坚固的树木和稳固的岩石，通常是良好的选择。但要使用树木作为锚点，必须满足以下两个关键条件。

1.树木粗壮并且深深扎根

选用的树木必须具备足够的粗度和深度扎根，以能够承受绳索的牵引力。有些表面上看似粗壮的树木实际上根系较浅，无法承受绳索的拉力。

2.树木必须健康活跃

只有活树才能提供足够的稳定性和强度。即使是外表看起来很大的死树，也容易在承受绳索拉力时断裂。

因此，在选择自然锚点时，务必确保树木符合上述条件，以确保系统的稳定性和安全性。

4.4.1.2 构筑物锚点

构筑物锚点，特别是钢铁构件锚点，提供了可靠的支撑和连接点。以下是一些常见的钢铁构件锚点，包括：

1.楼梯支撑梁、大型设备支架、吊柱等

这些构件通常非常坚固，是理想的锚点选择。其中，钢梁是最为可靠的。其他适用的钢铁构件还包括焊接的栏杆和大口径的钢管。

2.焊接的栏杆

栏杆质地和规格必须有足够的强度才能作为锚点使用。检查时，应注意栏杆是否通过焊接或螺栓连接到其他构件，并且用力检查是否有晃动或振动。

3.大口径的钢管

大口径钢管可以作为锚点，前提是它们有稳固的支撑和固定。要确保连接点是经过焊接或螺栓连接的，并且在使用竖直的钢管作为锚点时，要注意将绳索固定在离连接点较远的位置，以确保安全性。

请注意，虽然钢铁构件通常具有较高的强度，但并非所有构件都适合作为锚点。在选择和使用构筑物锚点时，必须确保其质量和可靠性，以确保安全性。

4.4.2　攀岩和登山时的锚点系统

攀岩和登山时的锚点系统是关乎安全的关键组成部分。这两种活动在使用锚点系统时有一些共同之处，但也存在一些差异，下面分别介绍攀岩和登山时的锚点系统。

4.4.2.1　攀岩时的锚点系统

1. 保护点

攀岩者通常使用各种类型的岩点和岩石缝隙作为保护点，这些点用于安装可移动的保护装置，如活动式保险扣或固定式背带，以将绳索连接到岩壁上。攀岩者会逐步设置多个保护点，以确保在摔落时减少下降距离。

2. 快挂

快挂是一种连接设备，用于将绳索连接到保护点和攀爬绳上。它通常由两个连结的背带和一个扣环组成，一端连接到攀岩绳，另一端连接到保护点，使攀岩者能够顺畅地通过保护点。

3. 锚点管理

在攀岩时，攀岩者必须管理好他们的锚点系统，确保每个保护点都能承受负荷，正确设置快挂，并保持绳索无缠绕或挂钩。攀岩者还需要谨慎处理绳索，以避免绳索的摩擦和损坏。

4. 多点锚定

通常，攀岩者会使用多个保护点，以减少摔落时的冲击力，这是一种双重保护原则的应用。

4.4.2.2　登山时的锚点系统

1. 雪锚点

在高原登山中，雪锚点是关键的。登山者使用冰雪橇、冰锥或冰镐等工具来创建雪锚点，以确保绳索和登山者在雪地上的稳固连接。这些锚点必须深埋在坚实的雪层中，以承受下降或冲击力。

2. 冰锚点

在冰川攀登中，登山者使用专用的冰锚点或冰钉来创建稳固的连接点。这些冰锚点必须正确插入坚固的冰层，并且经过充分测试，以确保安全性。

3.安全带和固定点

登山者通常使用安全带来连接到锚点系统，以便在需要时进行自我保护或拯救。同时，他们还会创建固定点，将绳索连接到岩石、冰块或其他可靠的物体上，以确保登山人员在技术性登山中的稳定性。

在高原登山和技术性攀登中，登山者必须接受专业的培训，以了解如何正确使用锚点系统、设置锚点和进行自我救援。

总之，攀岩和登山时的锚点系统都是确保登山者安全的关键因素。在这些活动中，登山者正确选择、设置和管理锚点系统至关重要，需要其经验和技能，以确保安全性和任务的成功完成。不正确使用锚点系统可能导致严重事故，因此，登山者和攀岩者必须慎重对待这个问题。

4.5 登山中的绳索技术

登山中的绳索技术对于登山者的安全至关重要。以下是一些关键的绳索技术，它们帮助登山者在各种地形和环境中保持安全。

第一，路绳。路绳是在登山线路上铺设的绳索，通常由经验丰富的登山者或职业登山导游铺设。登山者可以使用专业攀爬设备连接到路绳上，以确保他们的上升和下降过程更加安全。路绳对于攀登高峰或技术性登山非常重要。

第二，结组。结组是一种基本的绳索操作，它将登山队员连接在一起，以增加在有潜在滑坠或坠落危险的地形中的安全性。队员之间以一定距离相隔，通常使用八字结或其他适当的结来连接。这确保了在紧急情况下可以进行滑坠制动和救援。

第三，交替领攀。交替领攀适用于技术性攀岩或攀爬较困难的地形，如陡峭的岩壁或冰壁。在这种技术中，一名攀岩者领先攀爬，同时设置保护点，并通过快挂连接绳索。搭档在后方提供"先锋保护"，其后跟随其他攀岩者。攀岩者和搭档之间的紧密协作非常重要。

第四，行进间保护。行进间保护是一种高效的移动保护技术，通常用于一般难度和风险较低的地形。在这种技术中，一名攀岩者领先攀爬，同时设置保护点，并通过快挂连接绳索。然后，第二名攀岩者开始攀爬，同时拆除领攀者设置的保护。攀岩者之间需要协调默契，以确保安全。

绳索是最常见的登山装备，正是绳索的使用让登山探险有别于常规的徒步。这些绳索技术在登山中起着至关重要的作用，帮助登山者在各种地形和条件下保持安全。然而，这些技术需要经验和培训，因此，登山者应该在掌握这些技能之前寻求专业的指导和培训。不正确的绳索操作可能导致严重的安全问题，因此，安全始终是登山的首要考虑因素。

4.6 攀岩中的绳索保护技术

攀岩运动中的绳索保护技术对于攀岩者的安全至关重要。这些技术有助于预防脱落，提高攀登效率，确保攀岩者在攀爬过程中保持安全，并在训练和比赛中取得出色的成绩。根据攀登场地的不同，攀岩运动的安全保护技术可以分为人工岩壁攀登保护技术和自然岩壁攀登保护技术。

4.6.1 人工岩壁攀登保护技术

人工岩壁攀登保护技术是专门针对人工攀登墙体的技术，通常用于攀岩训练和比赛。这些技术根据攀登方式和比赛规则的不同，进一步分为速度攀登保护技术和难度攀登保护技术。

4.6.1.1 速度攀登保护技术

速度攀登保护技术通常采用顶绳方式，适用于速度攀登比赛和训练。在速度攀登中，绳索被固定在岩壁顶端，顶部保护通常由主锁或快挂组成。绳索穿过8字结，并用两个主锁连接到攀岩者的安全带上，另一端连接到保护员的安全带上。

在速度攀登过程中，通常有两名保护员，采用双人保护方式。主保护员掌握着绳索的引导端，而副保护员则掌握着绳索的制动端。这两名保护员同时协作，根据攀岩者的进度来适时地回收绳索。回收绳索的速度必须与攀岩者的进度保持一致，不能施加外力，同时也不能过于松弛，以免影响攀岩者的进展。

在业余速度攀登中，通常只有一名保护员。他们可能会采用"法式保护法"或者"美式保护技术"来进行攀登保护，这取决于个人的技术偏好和经验。保护员的任务是确保攀岩者在攀登过程中保持安全，并根据需要及时回收绳索。

4.6.1.2　难度攀登保护技术

在难度攀登比赛和训练中，攀岩者需要带着绳子攀爬，并在攀爬路线上设置好各种保护快挂点。当攀岩者到达相应位置时，他们需要使用适当的身体姿势和手部动作将绳索扣入快挂点中。

当攀岩者刚开始攀爬，但尚未将绳索扣入第一个快挂点时，保护员的任务非常关键。如果攀岩者出现攀爬失误导致脱落，而绳索尚未扣入快挂点，攀岩者将自由坠落，可能会导致严重的伤害事故。因此，保护员需要采取叉举保护技术，在攀岩者下方防止他们脱落。

一旦攀岩者将绳索扣入第一个保护快挂点后，绳索开始承受力量。在这时，保护员不应站在攀岩者正下方，而应站在与攀岩者攀爬方向相反的位置，以减少绳索与快挂的摩擦，从而减少对攀岩者的影响。保护员的站位需要根据攀岩者的进度和快挂点的位置进行调整，并随着攀岩者的移动而移动。为了确保攀岩者的安全，绳索应保持略微弯曲，以提供一定的缓冲效果，防止攀岩者脱落时受到过大的冲击。当攀岩者接近保护快挂点时，保护员需要迅速给出绳索，以确保绳索能够顺利扣入快挂点。

保护员需要时刻观察攀岩者的动作，并根据攀爬者下面的情况进行预判。当攀岩者接近保护点时，保护员需要快速给绳，以提高攀岩者的效率。如果攀岩者发生脱落冲坠，保护员需要缓慢给绳，以确保攀岩者在空中摇摆时受到适当的缓冲。这些保护技术需要长时间的实际训练和经验积累才能掌握。在攀登过程中，应尽量避免使用可以自锁的保护器，因为它们在攀岩者脱落时无法提供足够的缓冲效果。

4.6.2　自然岩壁攀登保护技术

自然岩壁攀登保护技术是根据攀登场地的特点划分的，主要用于攀岩者在自然岩壁上进行训练和比赛。它在某些方面与人工岩壁攀登保护技术相似，但也具有自身的特点。根据攀登方式的不同，自然岩壁攀登保护技术可以进一步细分为先锋攀登保护技术和结组攀登保护技术。

4.6.2.1 先锋攀登保护技术

先锋攀登保护技术是在自然岩壁攀登中最常用的方式。由于自然岩壁的线路通常无法通过其他途径到达顶部设置顶绳保护站，攀岩者必须采用先锋攀登方式进行攀爬。不同于人工岩壁的先锋攀登，自然岩壁的攀登线路通常只有保护点挂片而没有快挂。攀岩者需要携带绳索和快挂，在接近保护点时，他们必须将快挂挂入挂片，然后将绳索扣入快挂。确保快挂正确挂入挂片非常重要，以防止快挂脱落而失去保护作用。

在自然岩壁采用先锋攀登时，保护员在起步时采用与人工岩壁先锋攀登相同的保护动作，即手持绳索叉举保护。只有当攀岩者将第一个快挂挂入保护点挂片中并将绳索扣入快挂后，才能转换为先锋保护技术进行保护。

由于自然岩壁的情况相对较复杂，可能出现各种意外情况，如植被、落石、手点或脚点脱落等。因此，自然岩壁的先锋保护对保护员的技能要求更高。在攀岩者攀爬和下降过程中，保护员必须仔细观察岩壁情况，并与攀岩者保持有效的交流，以防止发生危险情况。

攀岩者在自然岩壁上可能随时脱落并冲坠，因此，保护员必须提前研究攀登线路，了解潜在的危险点。在攀岩者脱落时，保护员需要迅速反应，以避免攀岩者掉入植被中或坠落到岩壁的平台上。这些措施可以帮助减少攀岩者的风险。

4.6.2.2 结组攀登保护技术

结组攀登保护技术是一种综合型攀登保护技术，通常用于长线攀爬，特别是被分段的攀岩线路。在这种技术中，攀岩者既是保护者，保护者也是攀岩者。攀登线路被分成多个绳距，两位攀岩者交替攀爬和保护。一位攀岩者称为领攀者，另一位称为跟攀者。领攀者采用下方保护的方式攀爬每个绳距，而跟攀者采用上方保护的方式攀爬，并回收领攀者在保护点上设置的快挂。上方保护是通过将保护器连接到岩壁上的永久保护点来实现，而不是连接到保护者的安全带上。领攀者和跟攀者的绳索始终直接连接到他们的安全带上。

在结组攀登中，领攀者必须在每个绳距结束点设置跟攀者的上方保护点，这要求攀岩者具备高超的技能，包括保护点设置和上方保护技术。攀登结束后，两位攀岩者可以同时到达线路的结束点，然后从另一侧下山，或者有些情况下，需要攀岩者下降回到地面线路才算完成。这种技术涉及攀爬和下降的过程，因此需要攀岩者具备多方面的技能。

4.6.2.3　攀岩者的自我保护技术

攀岩爱好者需要培养自我保护技能，这对于提高攀岩的安全性至关重要。在攀登过程中，攀岩者不仅要依赖保护者的支持，还需要采取自我保护措施。攀岩者应保持良好的自我保护意识，特别是在可能发生脱落时。以下是一些自我保护技巧。

1.保持合理的身体姿势

在攀岩时，如果发生脱落的危险，攀岩者应迅速采取合理的身体姿势，如屈膝、弯臂，将手臂放在身体前面，以减少身体与岩壁的碰撞，降低受伤的风险。

2.控制绳索位置

在挂锁或移动绳索时，攀岩者应确保绳索不会缠绕到身体的其他部位，特别是腿部。绳索缠绕可能导致攀岩者在坠落时发生翻转，增加受伤的可能性。

3.熟练掌握挂锁技巧

攀岩者必须熟练掌握挂锁技巧，特别是在进行先锋攀登时。冲坠往往发生在挂锁瞬间，绳索还未扣入快挂中，攀岩者在拉绳索时发生脱落，因此，挂锁技巧的熟练掌握至关重要。

4.自我保护意识

攀岩者应提高自我保护意识，特别是在攀岩安全保护技术方面的学习。冲坠和脱落的保护技术以及自我保护技巧应成为攀岩者的重点学习和练习内容。

5.保护器材的合理使用

在训练和攀爬过程中，攀岩者应合理使用保护器材，特别是要注意保护下肢和脊椎，以减少受伤的风险。

6.集中注意力

攀岩者和保护者在下降和冲坠的过程中应保持高度集中的注意力，因为这些阶段容易发生事故，应特别谨慎对待。

攀岩安全保护技术的学习和实践对于攀岩爱好者的安全至关重要，他们应该积极提高自己的技能水平，并且时刻保持警惕。

5　地形图的判读与标定

地形图的判读与标定在地质体育活动中具有重要作用，它们提供了关于地形和地理环境的关键信息，有助于参与者更好地规划和实施活动。以下是地形图的判读与标定在地质体育活动中的作用：

1.路线规划

地形图上标定的地形和地理特征可以帮助参与者规划他们的活动路线。无论是徒步旅行、山地骑行、越野跑步还是其他户外活动，地形图上的信息可以指导他们选择最佳的路径，避免困难地形，节省时间和精力。

2.高程信息

地形图通常包括高程线，这对于登山和攀岩等活动非常重要。参与者可以使用高程信息来了解地势的变化，评估攀登的难度，以及计划适当的休息点。

3.寻找地标和特征

地形图上标定的地标和地理特征可以帮助参与者在地形中定位自己，避免迷路。这对于探险和远足活动特别有帮助。

4.安全考虑

地形图可以提供关于潜在危险的信息，如河流、陡坡、悬崖等。这有助于参与者做出安全决策，避免潜在的风险。

5.地质特征识别

对于地质体育活动，地形图可以帮助参与者识别地质特征，如岩层、断层、地脉等。这对于地质考察和岩石采集等活动非常有帮助。

6.训练和教育

地形图的判读与标定是培训和教育的重要工具。参与者可以学习如何读取地形图，理解其符号和标记，以及如何将地图上的信息应用于实际活动中。

总之，地形图的判读与标定在地质体育活动中是不可或缺的，可以提供有关地理环境的关键信息，帮助参与者规划安全的活动路线，识别地质特征，并更好地理解所处地区的地形。这有助于提高地质体育活动的安全性、效率和教育价值。

5.1　等高线的判读

等高线（contour lines）是地图上的一种重要符号，用于表示地形的高度和轮廓。下面是一些关于等高线判读的基本原理和方法，适用于初学者。

等高线是连接相同海拔高度的线条，它们呈现出地形的轮廓。每条等高线代表一个特定的海拔高度。地图上的等高线通常成一系列闭合的曲线，有时还会标有相等高度间隔。在等高线地图中，闭合的等高线表示高地，而未闭合的线表示低地。高地通常比周围地区的海拔高。等高线之间的距离称为等高距。等高距的间隔通常在地图上标明，它决定了地形的陡峭程度。等高线之间距离越近，地形越陡峭；距离越远，地形越平缓。观察等高线的形状可以提供关于地形的信息。例如，圆形等高线通常表示山顶，V字形等高线表示峡谷或山谷，等高线相互靠近可能表示陡峭的坡度或悬崖。等高线上通常标有高程值，表示每条等高线的海拔高度。这些值以一定的间隔出现，如每隔50米或100米标记一个高程值。通过观察等高线的间隔，可以估算地形的坡度。等高线之间的距离越密集，坡度越陡峭；距离越疏远，坡度越温和。见图5-1。

要熟练掌握等高线判读，需要进行实际练习。使用地图和等高线图进行户外导航和探险是提高技能的好方法。虽然等高线判读需要一些实践，但只要使用者掌握了基本原理，就能更好地理解地形和地图上的信息，从而在户外活动中更加自信和安全地导航。

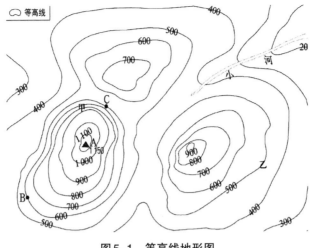

图5-1 等高线地形图

5.1.1 地形图的表现方法

地形图的表现方式多种多样，其中等高线是最准确和详细的方法，用于表示地形的符号。但是，等高线有一个缺点，即需要使用者具有一定的知识和技能才能正确判读。根据一项调查显示，地质专业的大学生中，大约有2/3的表示不擅长判读等高线，而只有不到10%的表示擅长。同样，在初级和中级登山者中，只有大约20%的人表示能够在判读等高线后形成清晰的地形印象并自信满满。这表明，相对于其他更直观的地形表示方法（如山脊和山谷的表现），大多数人对等高线的理解和判读都有一定难度。

为了解决这个问题，一些登山用的地图采用了模糊色和与植被相符的颜色来增强地图的立体感。这使得地图更容易理解，但即使如此，许多人仍然难以在地图上准确绘制山脊线和山谷线。因此，只有少数人能够完全依赖等高线在户外确定自己的位置。这也强调了学习和练习判读等高线的重要性。

等高线的判读并不是非常困难，只要你掌握了每个地形要素的等高线绘制方法，判读等高线就不再那么复杂。难度主要在于形成对地形的立体印象，这可能会有些挑战。对于山脊和山谷的等高线平面图，判读通常不会有太大问题。然而，要在脑海中形成对地形的立体印象，需要理解等高线的原理，并在此基础上运用其特点，在大脑中呈现出立体感。这是等高线判读中的难点。

下面将以分阶段和分步骤的方式，重点解释了等高线判读的要点，同时强调了等高线的原理，只是在实际地形中，由于复杂性，不能直接套用原理，因此可能变得更具挑战性。

　　等高线的原理很简单，它是连接相同高度点的线，就像海水每上升10米就出现一条水际线一样。等高线以等间距的方式绘制，不仅表示特定地点的高度，还显示了该地的坡度方向。通过观察等高线的曲线，可以清楚地了解山脊和山谷的地形，以及地势的陡峭程度。见图5-2。

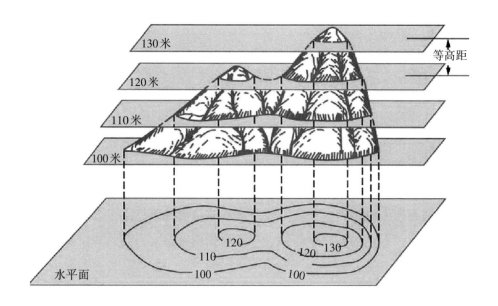

图5-2　等高线的原理

5.1.2　判读地形图的步骤

　　在户外导航和地图阅读中，关键目标是学会判读等高线，通过等高线描绘的地形信息在脑海中形成清晰的地形印象，然后用这个印象进行导航和位置确认。为了实现这一目标，需要按照以下三个步骤和关键要点进行学习：首先，掌握地形特征；其次，掌握山脊线和山谷线；再次，掌握不同坡度的地形。最后，将这些要点与实际地形进行对应，以便更好地理解地图上的信息与实际地形之间的关系。特别是要注意，在学会了山脊线和山谷线的判读后，能够将这些信息与实际景观相匹配，从而在户外活动中更有效地使用地图。城市地区通常有明确的特征物体，如铁路和建筑物，容易将地图与实际地形对应起来。然而，在山区，人工特征物体相对较少，因此更需要依赖地形来确定位置和导航方向。学会从等高线中判断地形并将其与实际地形对应起来非常重要。

5.1.3 掌握地形特征

掌握地形特征是等高线判读的第一步。在我国，山地地形非常常见，尽管山的形状和地形会有所不同，但它们都由四种基本地形特征构成，包括山顶、山脊、山谷、鞍部。这些基础要素存在于各种山地中，但它们的具体形状和排列会因地点而异。了解并识别这些地形特征，将有助于将地图上的等高线信息与实际地形相匹配，从而更好地理解地图并进行导航和定位。见图5-3。

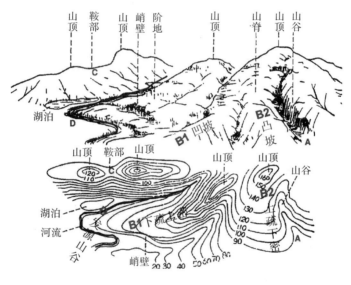

图5-3 地形的特征

5.1.3.1 山顶

容易理解的是，山顶就是比周围高的地方。要识别山顶，可以关注以下几点。

1.高出周围地形

山顶通常是比周围地势高的区域，这是山顶最基本的特征。

2.封闭曲线等高线

在地图上，山顶通常由封闭的曲线或圆圈等高线表示。这些封闭曲线围绕在山顶周围，形状可能是椭圆形或细长圆形。封闭曲线等高线越接近圆形，越容易表示山顶。

3. 等高线的数量

关注画在山顶区域的等高线的数量。山顶附近的等高线数量越多，表示该地区比周围更高，因此更有可能是山顶。

4. 结合实际情况

在地图上找到可能的山顶后，结合实际情况来进行确认。比较地图上的信息与周围地形，看是否符合山顶的特征，如是否有明显的山坡向下倾斜。

5. 利用山脊和山谷

山顶通常位于山脊上，与山谷相对。因此，如果你能够识别山脊和山谷，就可以更容易地找到山顶。

总之，要注意山顶的等高线形状、数量以及与周围地形的相对关系，结合实际情况进行判断。见图5-4。

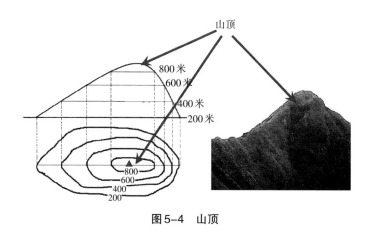

图5-4　山顶

5.1.3.2　山脊

山脊是看上去比周围凸出，在山中连绵不断的高处部分。要识别山脊，可以采取以下方法。

1. 查找连续的凸形等高线

山脊通常由连续的凸型等高线表示，这些等高线会连续上升并且围绕山脊区域。在地图上找到像山顶一样高的等高线，然后沿着这些等高线向下寻找形成凸形的部分。

2.注意地图符号

地图上通常使用符号来表示高低方向。查看地图上的符号，特别是那些表示山脊的符号。这些符号通常指向山脊所在的方向。

3.地形实际情况

结合地图上的信息与实际情况，寻找周围的地势高低变化。山脊通常是周围地势的最高点，而山谷则是最低点。

通过在不同地形地图上练习和观察，你将逐渐提高对山脊的识别能力。随着经验的积累，你将更容易辨别山脊的特征。需要注意的是，一些山脊可能比较尖锐，容易辨别，而另一些山脊可能比较平缓，辨别起来更具挑战性。随着实际经验的积累，你会更熟练地识别不同类型的山脊。见图5-5。

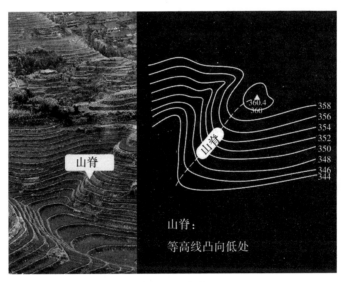

图5-5　山脊

5.1.3.3　山谷

山谷在地图上从高处看等高线数量多，呈凹形状，是低洼处相连的地带。要识别山谷，可以采取以下方法。

1.查找凹形等高线

山谷通常在地图上呈现为凹形的等高线。这些等高线表示低洼地带，可能与河流、水池等水体相关。从地图上找到这些凹形等高线，特别是那些围绕水体的部分。

2.寻找水体

山谷通常与水体相关联，如河流、溪流、湖泊等。在地图上查找这些水体，然后查看它们周围的地形特征，通常可以找到山谷的位置。

3.考虑农田和开阔地

山谷地带通常比较平坦，适合农田和开阔地的发展。如果在地图上看到了农田或开阔地，这也可能是山谷的标志。

4.观察等高线曲率

山谷的等高线通常具有较小的曲率半径，这是由于山谷经过水体侵蚀而形成的。相比之下，山脊的等高线曲率半径较大，形状更为平缓。

综合考虑山谷周围的地形特征，如山脊、山顶和水体，可以帮助你更准确地识别山谷。需要注意的是，山谷的形状和大小各不相同，有些可能较为明显，而其他可能较隐蔽。随着经验的积累，你将更容易识别不同类型的山谷。见图5-6。

图5-6　山谷

5.1.3.4　鞍部

鞍部是比其前后两边都低的地方，是山脊的一部分。鞍部在地图上的识别与山脊和山谷有些相似，但也有其独有的特征，以下是识别鞍部的一些方法。

1.查找凹形等高线

鞍部通常在地图上呈现为凹形的等高线。这些等高线表示低洼地带，通常位于山脊之间。从地图上找到这些凹形等高线，特别是那些与山脊相连的部分。

2.观察山脊的减小

当你沿着山脊的等高线从高处向下追溯时，如果等高线开始变得更加密集，山脊变得更窄，那么这可能是鞍部的迹象。鞍部通常位于山脊的最低点。

3.寻找道路或路径

如果有道路或路径穿过山脊，并且在某个地方变得相对平坦，那么这可能是一个鞍部。鞍部通常是连接不同山脊的通道，因此可能有人工道路穿越。

4.关注地名

在地图上，鞍部通常被冠以类似于"××岭"或"××口"的地名。这些地名可能有助于识别鞍部的位置。

综合考虑山脊、山谷、山顶和其他地形特征，以及它们之间的相对位置，可以帮助你更准确地识别鞍部。请注意，鞍部的形状和大小各不相同，有些可能较为明显，而其他可能较隐蔽。随着经验的积累，你将更容易识别不同类型的鞍部。见图5-7。

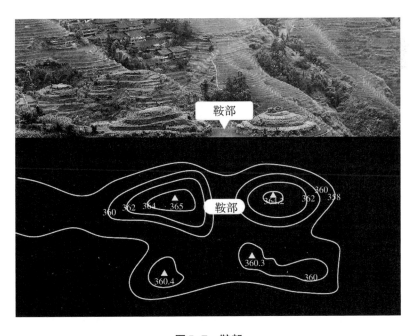

图5-7 鞍部

5.1.4 掌握山脊线与山谷线

山脊线和山谷线是复杂地形中的重要线索，常常以线状特征存在，应该将它们作为整体来综合判读和灵活应用。在实际户外活动中，我们更多地依赖山脊线和山谷线作为导航线索，因此，从复杂地图中准确找出这些线索对于成功的户外探险至关重要。

5.1.4.1 掌握山脊线和山谷线的要点

要准确描绘山脊线和山谷线的关键在于观察等高线曲率半径的大小。通常情况下，山脊和山谷中曲率半径最小的地方，其等高线会与垂直方向的线相交，形成山脊线和山谷线。虽然这个原则很简单，但要在实际中准确应用它，需要通过反复练习来牢记。一旦掌握了画山脊线和山谷线的基本方法，即使在复杂的地形中，也能够快速识别这些线。因此，在学习等高线判读的初级阶段，实际动手练习画山脊线和山谷线是非常有帮助的。

理解和掌握山脊线和山谷线在户外活动中非常重要，因为它们是导航和定位的关键线索。以下是一些关于如何识别和利用山脊线和山谷线的方法（见图5-8）：

1. 山脊线（ridge）的识别与利用

（1）凸起的线状特征：山脊线通常是地图上凸起的线状特征，由多条等高线连接而成。这些线在地图上通常向上弯曲，而在实际地形中则代表山脊的高点。

（2）沿山脊行进：在户外活动中，如果你位于山脊线上，你可以沿着这条线前进，通常这是一种相对容易的导航方式，因为山脊线通常比较突出，视野较开阔。

（3）注意山脊的连接点：山脊线可能会与其他山脊相交或连接，这些连接点被称为"鞍部"。鞍部通常是山脊的低点，你可以在地图上寻找这些地方，以帮助确定你的位置。

2. 山谷线（valley）的识别与利用

（1）凹陷的线状特征：山谷线通常是地图上凹陷的线状特征，由多条等高线连接而成。这些线在地图上通常向下弯曲，而在实际地形中则代表山谷的低点。

（2）沿山谷行进：如果你位于山谷线中，你可以沿着这条线前进。山谷通常是水流的路径，因此可以帮助你找到水源或穿越山区的最短路径。

（3）山谷连接点：山谷也可能与其他山谷相交或连接，这些连接点通常是比较平坦的区域，可以作为营地的选址。

在户外导航中，结合山脊线和山谷线是一种有效的方式。通过同时关注两者，你可以更好地理解地形，并更准确地确定位置。总之，学习如何识别和利用山脊线和山谷线是户外活动中的重要技能，可以提高导航和定位的准确性，确保安全。

5.1.4.2 掌握易读懂和不易读懂的山脊线与山谷线

识别地图上不容易理解的山脊线和山谷线是学习的一个重要阶段。当你发现地图上的山脊线很难理解时，这实际上意味着你已经进步到了一个中级水平。因为在野外实际活动中，那些地图上不易理解的山脊线也是难以找到的地方。在我国，很多登山路线都沿着山脊或山谷进行，或者至少以它们作为导航的基本方向。如果在地图上找到这些复杂的山脊线很困难，那么在实际野外活动中也容易迷路或走错路线。

山脊线和山谷线在地图上有时易于理解，有时则不太容易。这取决于它们的形状和连接方式。以下是一些关于易读懂和不易读懂的山脊线与山谷线的情况。

1.易读懂的山脊线

（1）当山脊线具有明显的凸起形状时，通常较容易理解。这些山脊线在地图上呈现为一系列连续的闭合曲线，形状清晰。

（2）当山脊线与山谷线之间的高度差明显时，容易辨别。高度差越大，山脊线越清晰可见。

（3）在地图上有多条山脊线相交的地方，常常是山脊线易于理解的地方。这些交汇点通常标志着山脊的顶点。

2.不易读懂的山脊线

（1）当山脊线较为平坦或曲线较缓时，往往不太容易理解。这种情况下，山脊线可能显得模糊，难以准确判断。

（2）当山脊线与其他山脊线相互交错或连接在一起时，容易混淆，不容易判断。

（3）当山脊线在地图上表示得不够清晰或线条密度较高时，也可能导致不易读懂。

3.易读懂的山谷线

（1）山谷线通常在地图上以一系列闭合的曲线表示，形状明显，与周围的地势有明显的高度差异。

（2）当山谷线与河流、湖泊或农田等低洼地形特征相连时，容易识别。这些特征常常伴随着山谷地形。

地/质/体/育/理/论/与/实/践

4.不易读懂的山谷线

（1）与山脊线一样，山谷线在地图上的曲线较缓或连接复杂时，可能不容易判断。

（2）当山谷线位于山脊线之间的窄谷中，地图上表示得不够清晰时，也难以准确辨别。

总的来说，理解山脊线和山谷线的能力需要经验积累和实践练习。熟练的地图阅读者可以更容易地识别复杂的山脊线和山谷线，而初学者可能需要更多地练习来提高这一技能。见图5-8。

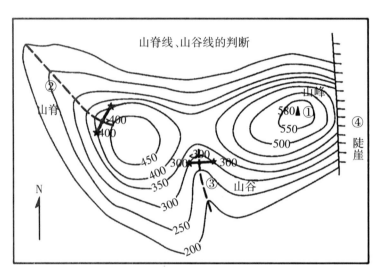

图5-8　判读山脊线与山谷线

5.1.5　等高线的间隔与坡度缓急

等高线的间隔是反映地形坡度的关键因素。在地图上，等高线的间隔表示了相邻高度之间的差距。通常情况下，等高线的间隔越窄，表示地形的坡度越陡峭，而等高线的间隔越宽，表示地形的坡度越缓和。

例如，在1:25000的地形图上，如果等高线的间隔是10米，那么，这意味着地图上每隔10米高度就会有一条等高线。如果你看到等高线之间的距离很短，这表示地形非常陡峭，可能是山脉或悬崖等。相反，如果等高线之间的距离较远，这表示地形相对平坦，可能是山谷或平原地区。

因此，通过观察等高线的间隔，你可以了解到地形的坡度缓急，这对于户外活动和地图阅读非常重要。等高线的间隔提供了有关地形起伏的关键信息，可以帮助你规划路线和适应不同地形条件。

5.1.5.1 用坡度变化来表示地形

坡度的变化在地形图上和实际地形中都扮演着重要角色。当你在登山道路上前进时，如果坡度由缓和变得陡峭，这是一个重要的线索，表明你将面临更险峻的攀升。因此，坡度的变化可以帮助你预测接下来的路段是陡坡还是缓坡，有助于你更好地掌握路况。

另外，从山脊线的侧面观察倾斜度的变化也可以揭示山脊的形状特征。通过观察倾斜度的缓急变化，你可以更好地理解山脊的形状，并将其区别于其他山脊。

不仅如此，坡度的变化还可以导致各种不同的地形特征，这些特征在地图上和实地中都相对容易理解。等高线的间隔越大，坡度变化就越明显，因此在阅读地图时，你应该灵活运用这一要点，以便更好地理解地形的坡度变化和地形特征。

5.1.5.2 从等高线的间隔读取坡度的绝对值

在登山和户外活动中，有时需要准确了解地形的坡度，以做出安全的决策。例如，在山谷中，如果你知道了到达山脊线的仰角，就可以判断GPS设备能够接收到多少颗卫星信号。在雪山上，当斜坡的坡度达到35度时，雪崩的风险最大；而当斜坡上部的仰角超过18度时，雪崩危险即将发生。要做出这些判断，你需要准确的坡度数值，而这些数值可以从等高线图中获取。

在1:25000地形图上，等高线的间隔通常为10米。如果你测量了等高线之间的距离为0.4毫米，那么实际的垂直高度差就是10米。因此，你可以大致估算出这个地方的坡度约为45度。这种方法可以帮助你在特定情况下准确地测量坡度的绝对数值，从而更好地评估风险和采取必要的行动。

需要注意的是，这种方法只能提供坡度的近似估算，因为地形图上的等高线通常是离散的，实际地形可能会更加复杂。在实际野外活动中，使用专业的测量工具和导航设备来获取更精确的坡度信息可能更可靠。

5.1.6   用地图和实际场景来对应地形

使用地图与实际场景的对应是户外探险和导航活动中至关重要的技能。在本章中，我们已经学习了地形的不同类型、如何识别山脊线和山谷线以及如何把握坡度等关键要点。现在，让我们总结一下如何将地图上的信息与实际地形特征相匹配。

当你在户外活动中需要导航时，不必逐一匹配每一条山脊线和山谷线。相反，你可以从整体上把握地图上的山脊线和山谷线的组合。山区通常有许多山脊和山谷，如果仅仅依赖于逐一匹配，可能会变得复杂和耗时。但是，通过观察山脊线和山谷线的整体分布和组合，你可以更容易地将地图上的信息与实际风景相对应。

此外，我们还强调了通过观察坡度的变化来识别山脊的形状。坡度的变化可以为你提供关于山脊的信息，帮助你区分不同的山脊和它们的方向。因此，不仅要关注山脊线和山谷线的形状，还要留意地形的坡度变化。

总之，地图与实际场景的对应是户外活动中的关键技能。通过综合考虑山脊线、山谷线和坡度的信息，你可以更好地理解地形，从而更安全地进行探险和导航活动。

5.2　地形图的标定

地形图标定指的是在地图上确认和标记自己当前位置的过程。这是一项关键的导航技能，特别是在户外活动中，如徒步旅行、登山、露营等。标定地形图的目的是确保知道自己在地图上的确切位置，以便在探险或导航时更好地了解自己的位置和方向。

标定地形图通常包括以下步骤：第一，识别地标。在地图上识别你的当前位置附近的地理特征或地标，例如山峰、河流、岔路口等。第二，比较地图和实际场景。将地图上的地标与实际场景中的地标进行比较，以确保它们匹配。第三，使用指南针。使用指南针来确定地图上的北方，并确保地图的方向与实际场景一致。第四，标记你的位置。在地图上标记你当前的位置，通常用一个标志或标记物来表示。第五，持续更新。随着你的移动，不断更新地图上的位置标记，以反映你的当前位置。

通过标定地形图，你可以更好地了解自己在地图上的位置，从而更轻松地规划和导航你的活动路线。这对于户外探险和导航至关重要，可以帮助你避免迷路和确保安全地到达目的地。

5.2.1 标定地图的方法

标定地图，即确定地图上各种要素的准确位置和尺度，以下是一些常见的方法。

5.2.1.1 使用已知坐标点

可以通过GPS等定位设备获取已知坐标点，并将这些点的经纬度或UTM坐标与地图上相应地点进行对应。通过多个已知坐标点的对应，可以确定地图上其他地点的位置。

5.2.1.2 使用地理特征

地图上常标示有地理特征，如交叉路口、建筑物、河流、湖泊等。找到地图上已知地理特征的实际位置，并将其位置与地图上的相应位置对应。

5.2.1.3 使用图像匹配技术

图像匹配技术是指利用地理特征的形状、大小和位置等信息，在地图上找到与实际地球表面特征相匹配的地图要素，并进行对应。

5.2.1.4 使用地理信息系统软件

地理信息系统软件（GIS）具有强大的地图标定功能。通过输入已知坐标点和要素的位置信息，GIS可以进行自动的地图标定和配准。

5.2.1.5 使用地图辅助测量工具

利用地图辅助测量工具，如经纬度网、比例尺等，可以对地图进行精确的测量和标定。通过在地图上测量已知距离或角度，可以确定地图的比例尺和尺度。

5.2.1.6 结合地形特征

地形特征的位置和形状可以提供关于地图位置的重要线索。通过分析地形特征的分布、方向和关系，可以推断出地图上的其他位置和要素的大致位置。

5.2.1.7 结合实地观察

将地图带到现实场景中，通过实地观察和测量，对地图进行修正和标定。比如，利用实地测量的数据对地图的尺度进行校准，或者将实际地标的坐标与地图上对应的位置进行比对。

需要注意的是，标定地图需要准确的地理信息和地理测量技术。对于严谨的地图标定工作，建议使用专业的地理测量仪器和软件，并参考地理测量和地图制作的相关标准和方法。

5.2.2 野外阅读地图与导航

地质工作者在野外实践时，通常需要利用地图做好三项关键工作：把握现地、明确前往目的地的路线和特征、保持行进路线。这些工作相辅相成，确保了野外工作的顺利进行。

5.2.2.1 把握现地

这意味着地质工作者要知道自己当前所在的位置。在野外，准确了解自己的位置非常重要，否则将无法知道下一步该怎么走。迷路通常就是因为失去了对自己位置的把握。这个过程实际上就是"不要迷路"的关键。

在野外，我们无法像在城市中一样轻松地通过地名和建筑物等明显的标志来确定自己的位置。即使是专业人士也可能在野外遇到难以准确把握自己所在位置的情况。在实际的探险导航中，专业人士通常会巧妙地利用途中获取的信息，正是因为他们善于充分利用这些信息，才能在复杂且难以确定位置的野外环境中准确地把握自己所在的位置。下面我们将简要介绍把握现地的七个关键步骤。

1.地图准备

首先，确保携带了适当的地图和导航工具。地图应该是详细的地形图，包括所在区域的地貌和地形特征。导航工具可能包括指南针、GPS 设备或者地图应用程序。

2.起点标定

在地图上找到当前的起点，这可能是一个已知的地点、路标或者地形特征。标定起点是把握现地的第一步。

3. 行进路径确认

根据你的计划路径，查看地图上的标记和特征，以确保你了解前进的方向和目标地点。

4. 地形特征识别

在地图上识别周围的地形特征，例如山脉、河流、湖泊或其他显著的地貌。这些特征将帮助你确定自己的位置。

5. 方位与指南

使用指南针或其他导航工具来确认方位。将地图上的北方与实际地形中的北方进行匹配。

6. 地标确认

找地图上标记的地标或特殊地点，并与实际场景进行对照。这些地标可以帮助你确认自己的位置。

7. 持续更新

在整个旅程中不断更新自己的位置。如果改变了路线或遇到了未计划的地形特征，要及时更新地图上的位置信息。

通过这些步骤，可以更好地把握自己的位置，并确保在野外活动中不会迷失方向。在没有明显地标的野外环境中，这种把握现地的技能非常重要，可以提高安全性和成功率。

5.2.2.2 明确前往目的地的路线和特征

在把握现地的基础上，需要从地图中读取前往目的地的路线和特征。地图上通常会标明道路、山脊、河流等特征，需要明确这些信息，以便知道如何前进。这是计划野外实践活动的重要步骤。

5.2.2.3 保持行进路线

在野外活动中，情况可能与地图上的计划有所不同。地图将广大区域缩小至一张纸上，而实际场景可能更加复杂。因此，保持沿着计划的行进路线非常关键。如果无法正确保持行进路线，可能会误入错误的路径，最终发现自己不在目标地点。

以上这三个步骤相互关联，如果能够正确把握现地，就可以实施可行的计划，然后，按计划前进并不断保持正确的行进路线状态。如果失去了对现地的把握，就可能迷失方向，导致行进偏离计划路线。因此，在野外地质实践的导航中，不断询问自己"我现在在哪里"和"我的前进方向正确吗"非常重要,这也是为什么学习地图阅读是必要的。通过这些步骤,我们可以避免陷入恶性循环,提高野外导航的成功率。

5.2.2.4　保持行进路线的方法

凡事预则立,不预则废。计划至关重要,但执行计划往往更加困难。在野外导航中,这一点同样适用。即使制订了完善的路线计划,如果不能按计划执行,就会存在迷路的风险。

在野外实践时,保持路线的难点在于自然环境和地图的局限性。地图将广阔的地理信息缩小并展示在一张纸上,这可能会让人误以为已经完全了解了整条路线,地图上可能清晰标注了登山道路,但在实际环境中,我们的视野通常受到限制。例如,在树林中最多只能看到100米,而在草丛中可能只有20米的视野范围。

要保持正确的路线,需要采取具体而实用的方法。这包括不断检查地图,与周围环境相结合,注意地标和地形特征,以及使用导航工具如指南针或GPS设备。只有采用这些方法,才能在野外环境中提高把握现地和保持正确路线的能力,减少迷路的风险。

在野外阅读地图并保持行进路线需要一些技巧和策略,以确保你在未知地区中安全导航。以下是一些方法。

1.使用指南针

带着指南针是保持方向的关键。首先,确保自己知道地图上的方向和指南针上的方向之间的关系。然后,在开始行进之前,根据自己的计划选择一个明确的方向,然后始终保持它。根据需要,定期检查指南针以确保自己没有偏离计划的方向。

2.识别地标和特征

学会识别地图上的地标和地形特征,如山脊、山谷、湖泊、河流等。将它们与你周围的实际地貌联系起来,以帮助你确定位置。登山道与地形之间存在密切的关系,通常山脊线、山谷线和地形特征都会影响登山道的布局。在我国,地势主要由水流塑造,因此山脊和山谷通常呈线状分布,而登山道通常沿着山脊和山谷顺势而建。如果计划按照登山道前进,那么登山道与地形的关系将是保持正确路线的第一线索。对于那些并不严格依赖登山道的徒步旅行者,他们通常会选择走在地形特征如山脊和山谷等线状地貌上。例如,山峰通常比周围更高,而且左右两侧都较低,通过确认这些特征,可以确定自己位于山脊上。但需要注意的是,当存在积雪时,为了避开积雪可能会在山脊上行走，但并不一定是在最高点，这可能会涉及雪崩和暴风雪等风险，因此需要格外小心。

3. 跟踪和记录

沿途标记关键的地标和路口，并在地图上做好标记，这对于在复杂的地形中导航特别有帮助，并有助于你在需要返回原路或偏离计划路线时找到正确的路线。

4. 关注方向

太阳和星星的位置可以提供有用的导航信息。白天，太阳通常向东移动，因此可以用它来确定东西方向。夜晚，北半球的北极星通常位于北方，可以用它来确定北方方向。

5. 计算步数和时间

根据你的步伐和速度，估算你在地图上的位置。记录你行进的时间和步数，以便更好地了解你的进度。这对于长时间行进和在没有明显地标的区域中导航非常有用。

6. 使用GPS技术

如果你有GPS设备或智能手机应用程序，可以使用它们来跟踪你的位置。但要记住，这些设备有时可能会失去信号，所以不要完全依赖它们。

7. 小心选择路线

当遇到路口或分岔路时，停下来仔细研究地图并确认下一步的方向。不要匆忙做决定，以免误入错误的路线。

8. 组队合作

如果你与一组人一起野外活动，可以利用多个人的观察力和导航技能来确保保持正确的方向。

后　记

随着《地质体育理论与实践》的完稿，我深感自己站在了地质学与体育学交会的桥头，目睹了一场知识与实践的交融盛宴。这本书不仅是我个人对地质体育深入研究的成果，更是众多专家学者、登山者和攀岩者智慧与经验的结晶。

在撰写过程中，我深入探讨了登山、攀岩、高原登山等地质体育活动的理论与实践，并对绳索技术、地形图的判读与标定等关键技能进行了详细阐述。这些内容的整理与总结，不仅为我个人提供了宝贵的知识储备，也为地质体育领域的研究与实践提供了有价值的参考。

在此，我要感谢所有为本书付出努力的人。感谢我的导师和同事们，他们的悉心指导与无私帮助让我能够顺利完成本书的撰写。感谢那些与我共同探讨、交流的地质体育爱好者，他们的见解和经验为本书增添了丰富的色彩。同时，也要感谢那些勇敢的登山者和攀岩者，他们的实践为本书提供了真实而宝贵的案例。

在地质体育的实践中，我深刻体会到人类与自然之间的和谐共生。登山、攀岩等地质体育活动不仅挑战了我们的身体极限，还让我们在征服自然的过程中学会了敬畏自然、尊重生命。我相信，在未来的地质体育领域，我们将会看到更多的创新与突破，地质体育为人类的健康与发展能做出更大的贡献。

最后，我希望本书能够成为地质体育领域研究与实践的桥梁，为更多的专家学者、登山者和攀岩者提供有价值的参考。同时，我也期待在未来的日子里，与更多的读者共同探讨地质体育的奥秘与魅力，共同为地质体育事业的发展贡献力量。